suppen

heiss und kalt

Rezepte und Know-how

LE MENU

WERDVERLAG

Konzept, Projektleitung
Karin Messerli, Zürich; Pia Messerli, Bern
Projektbegleitung
Annette Beutler und Ursi Lauper, SMP, Bern
Rezepte, Know-how, Fotostyling
Karin Messerli, Zürich
Text, Redaktion
Pia Messerli, Bern
Fotografie
Jérôme Bischler, Zürich
Art Direction
Peter von Ah, Zürich
Satz
Doris Grüniger, Buch & Grafik, Zürich
Fotoküche
Andrea Veronesi, Zürich
Requisiten/Geschirr
Küche und Haushalt, Zürich;
Steinhauer Accessoires, Zürich
C-Print
Damaris Dändliker, Tricolor, Zürich
Produktion
Rolf Schöner, Werd Verlag, Zürich

Schweizer Milchproduzenten SMP
Weststrasse 10, CH-3000 Bern 6
www.swissmilk.ch

ISBN 3-85932-462-4
www.werdverlag.ch

Inhalt

Suppensaison

Frühling **F**
Sommer **S**
Herbst **H**
Winter **W**

Nebst persönlicher Vorliebe ist einzig das saisonale Garten- oder Marktangebot massgebend, ob eine Suppe eher in den Sommer oder mehr zum Herbst passt. Oft auch kann ein erntefrisches durch ein gelagertes Gemüse oder ein frühlingszartes durch ein winterfestes Kräutli ausgetauscht werden, sodass sich die 50 Suppen immer wieder aufs Neue variieren und geniessen lassen.

Suppen cremig

Suppen mit Biss

Suppen einfach

Suppen kalt

Suppen international

Suppen cremig

Die Hauptsache sind frische, farbige Gemüse. Ein Mixer zum Pürieren. Und fürs Cremige ein feines Milchprodukt. Der Rest gehört zum Suppenhandwerk: rüsten, schneiden, raffeln, dämpfen, ablöschen, köcheln, pürieren und nach Belieben passieren oder mit heisser Bouillon verdünnen. Gelingt, schmeckt, passt immer …

1,0 L
0,5 L

Spargelsuppe mit Formaggini

Für 4 Portionen

500 g grüne Spargeln
3 Bundzwiebeln
1–2 Formaggini, ca. 100 g
3–4 Bärlauchblätter, fein geschnitten
wenig Öl
Balsamico-Essig
Salz, Pfeffer
Butter zum Dämpfen
75 g Risotto- oder Milchreis
1 dl trockener Weisswein, nach Belieben
7–8 dl Bouillon, heiss

Varianten

... Statt Formaggini: Suppe mit Würzrahm, Crème fraîche oder Jogurtkugeln, Seite 140, anrichten.

... Statt Reis: 3–4 Frühkartoffeln schälen, in Würfel schneiden und mitkochen.

Dazu passt

Crostini, Seite 144

1 Holzigen Teil der Spargeln wegschneiden. Die Hälfte der Spitzen längs fein schneiden. Restliche Spargeln in 2 cm breite Stücke schneiden. Zwiebeln fein hacken.

2 Formaggini halbieren oder vierteln, mit fein geschnittenen Spargelspitzen, Bärlauch, Öl, Essig und Pfeffer mischen. Zugedeckt im Kühlschrank ziehen lassen.

3 Zwiebeln mit Salz in Butter glasig dämpfen. Reis dazustreuen, dünsten. Mit Wein ablöschen, einkochen. Bouillon dazugiessen, aufkochen. Spargeln beifügen. Halb zugedeckt bei kleiner Hitze 20 Minuten köcheln.

4 Suppe pürieren und nach Belieben durch ein Sieb passieren. Nochmals aufkochen, mit Salz und Pfeffer abschmecken.

5 Anrichten: Die Suppe in Teller verteilen. Die Formaggini mit Spargelspitzen und Bärlauch in die Mitte geben.

Tipps

... Spargeln im unteren Drittel von Hand brechen, die entstehende Bruchstelle trennt «automatisch» den holzigen vom zarten Teil.

... Um das Spargelaroma zu verstärken, hilft Weisswein oder/und 1 Prise Zucker. Zudem die Spargelabschnitte in der heissen Bouillon 10 Minuten ziehen lassen, absieben.

Kastaniensuppe

Für 4 Portionen
400–500 g frische Kastanien, geschält ca. 250–300 g
150 g gemischtes Gemüse, z. B. Rüebli, Stangen- oder Knollensellerie, Bundzwiebel
1 Prise getrockneter Majoran
1 Thymianzweig
1/4 TL Fenchelsamen, grob zerstossen
Butter zum Dämpfen
1 dl trockener Weisswein oder Apfelwein
1/2 TL Tomatenpüree
50 g grüne oder rote Linsen
1 l Bouillon, heiss
2 Petersilienzweige
1 Lorbeerblatt
Salz, Pfeffer

Petersilienrahm:
4 Petersilienzweige, Blättchen
1 dl Vollrahm
Salz, Pfeffer

Variante
Tiefgekühlte Kastanien:
250–300 g Kastanien antauen lassen, hacken.

Dazu passt
... Tünkli, Seite 144
... Crostini, Seite 144

1 Kastanienschale der Kante entlang oder quer über die Rundung mit einem scharfen Messer einschneiden. Portionenweise in siedendem Wasser 4 Minuten blanchieren. Noch heiss schälen, hacken. Gemüse in Brunoise schneiden.

2 Kastanien mit Majoran, Thymianzweig und Fenchelsamen in Butter andämpfen. Wein und Tomatenpüree beifügen, bei kleiner Hitze köcheln, bis der Wein verdampft ist.

3 Gemüse und Linsen dazugeben, mischen. Bouillon, Petersilienzweige und Lorbeer beifügen, aufkochen. Bei kleiner Hitze 30 Minuten köcheln.

4 Thymian-, Petersilienzweige und Lorbeer entfernen, Suppe pürieren und nach Belieben durch ein Sieb passieren. Mit Salz und Pfeffer abschmecken.

5 Für den Petersilienrahm Petersilie hacken, mit Rahm, wenig Salz und Pfeffer mischen und kurz mixen.

6 Anrichten: Die Suppe in Teller verteilen. Den Petersilienrahm darauf geben. Sofort servieren.

Erbsen-Cappuccino

Für 4 Portionen
ca. 1,2 kg frische Erbsen, ausgepalt ca. 300 g
3 Bundzwiebeln
1 mehlig kochende Kartoffel, z. B. Agria
Salz, Pfeffer
Butter zum Dämpfen
7–8 dl Bouillon, heiss
1 dl Vollrahm
1 Prise Zucker

Minzenmilchschaum:
2 dl Milch
einige Minzenblättchen
Salz

Varianten
... Tiefgekühlte Erbsen: 300 g Erbsen antauen lassen, in der Bouillon nur kurz erhitzen.
... Statt Erbsen: Kefen verwenden.
... Statt Bundzwiebeln: Lauch, nur heller Teil, verwenden.
... Statt Milchschaum: flaumig geschlagenen Rahm auf die angerichtete Suppe geben.

1 Erbsen auspalen. Zwiebeln fein hacken. Kartoffel schälen.

2 Zwiebeln mit Salz und Pfeffer in Butter glasig dämpfen. Kartoffel direkt dazureiben, kurz dämpfen. 7 dl Bouillon dazugiessen. Zugedeckt 15 Minuten köcheln.

3 Erbsen mit Rahm beifügen, bei kleiner Hitze 10–15 Minuten garen.

4 Suppe pürieren und nach Belieben durch ein Sieb passieren. Nochmals aufkochen, nach Bedarf mit Bouillon verdünnen. Mit Zucker abschmecken.

5 Für den Milchschaum Milch mit Minze aufkochen, leicht salzen und 5 Minuten ziehen lassen. Minze entfernen, Milch mit dem Schwingbesen oder einem Cappuccino-Schaumschläger dickschaumig aufschlagen.

6 Anrichten: Die Suppe in Gläser oder Bowls verteilen. Den Milchschaum mit einem Löffel darauf geben. Sofort servieren.

Tipps
... Frische Erbsen vor dem Beifügen kurz in Salzwasser blanchieren, kalt abschrecken und in der Bouillon nur noch ein paar Minuten erhitzen. Dadurch wird und bleibt die Suppe nach dem Pürieren intensiv grün.
... Je nach Grösse der Erbsen empfiehlt es sich, die Suppe zu passieren (zähe Häutchen).

Farbige Gemüsesuppe

Für 4 Portionen

600 g Gemüse der Saison, z. B. Pfälzerrüebli, Rüebli, Kürbis, Randen, Broccoli, Fenchel, Sellerie, Herbstrübe, Mairübchen, Erbsen
100–200 g Zwiebeln
200 g Kartoffeln, z. B. Agria
Salz, Pfeffer
Butter zum Dämpfen
1 Kräutersträusschen, Seite 132
8–9 dl Bouillon, heiss
1 dl Milch
Kräuterzweiglein zum Garnieren

Dazu passt

... Geriebener Käse, Seite 140
... Würzrahm, Seite 140
... Croûtons, Seite 144

1 Gemüse schälen, in Stücke oder Scheiben schneiden. Zwiebeln fein hacken. Kartoffeln schälen, in Würfel schneiden.

2 Zwiebeln und Kartoffeln mit Salz und Pfeffer in Butter andämpfen. Halb zugedeckt bei kleiner Hitze 10 Minuten dämpfen.

3 Gemüse, Kräutersträusschen, Bouillon und Milch beifügen. Halb zugedeckt 30 Minuten köcheln, bis das Gemüse weich ist.

4 Kräutersträusschen entfernen, Suppe mit dem Mixer pürieren (feine Struktur) und nach Belieben durch ein Sieb passieren (glatte, cremige Konsistenz) oder nur mit dem Kartoffelstampfer zerdrücken (mit Biss), abschmecken.

5 Anrichten: Die Suppe in Bowls verteilen. Mit Kräutern garnieren.

Pilzsuppe

Für 4 Portionen

450 g Austernpilze
Bratcrème
Salz, Pfeffer
2 Scheiben Weissbrot, ca. 50 g
1 dl Milch, heiss
100 g kleine, weisse Champignons
2 Schalotten
Butter zum Dämpfen
6–8 dl Bouillon, heiss
2 Lorbeerblätter
wenig Apfelessig oder Zitronensaft
2 EL Schnittlauchröllchen

1 Austernpilze säubern und grobe Stiele entfernen, in eine Schüssel geben. Mit Bratcrème beträufeln, würzen und mischen. Pilze nebeneinander auf ein mit Backpapier belegtes Blech geben. In der Mitte des auf 225 °C vorgeheizten Ofens 20–30 Minuten backen.

2 Brot mit heisser Milch beträufeln, quellen lassen. Champignons säubern, frisch anschneiden und hacken. Schalotten hacken.

3 Schalotten in Butter dämpfen. Champignons beifügen, würzen und dämpfen. Brot, Bouillon und Lorbeer dazugeben. Bei kleiner Hitze 20 Minuten köcheln.

4 2/3 der Austernpilze beifügen, heiss werden lassen.

5 Lorbeer entfernen, Suppe pürieren und nach Belieben durch ein Sieb passieren. Nochmals aufkochen, mit Essig oder Zitronensaft abschmecken.

6 Anrichten: Die Suppe in Teller verteilen. Mit den restlichen Austernpilzen und Schnittlauch bestreuen.

Spinat-Rosmarin-Suppe

Für 4 Portionen

350 g Blattspinat
3–4 Bundzwiebeln
4–5 EL Risottoreis, z. B. Arborio
Salz, Pfeffer
Butter zum Dämpfen
8–9 dl Bouillon, heiss
1 dl Milch
1 EL gehackter Rosmarin
4 Doppelrahmfrischkäsli, z. B. Gala
einige Rosmarinzweige, Nadeln

Varianten

... Statt Spinat: Schnittmangold verwenden oder Spinat halb mit Brennnesseln oder Rucola mischen.

... Statt Rosmarin: Minze oder 2–3 getrocknete Steinpilze mitkochen.

1 Spinat verlesen, grobe Stiele entfernen und Blätter hacken. Zwiebeln fein hacken.

2 Zwiebeln mit Reis, Salz und Pfeffer in Butter dämpfen. Bouillon und Milch dazugiessen. Bei kleiner Hitze 15 Minuten köcheln, öfters rühren.

3 Spinat und Rosmarin beifügen, kurz köcheln, bis der Spinat zusammenfällt. Suppe pürieren, abschmecken.

4 Anrichten: Je 1 Doppelrahmfrischkäsli in die Mitte der Teller legen, mit Rosmarin bestreuen. Die Suppe dazugiessen.

Kohlrabisuppe mit Zimt

Für 4 Portionen

3–4 junge Kohlrabi mit Blättern, ca. 1 kg
2 Bundzwiebeln
1 Knoblauchzehe
Salz
Butter zum Dämpfen
1–2 Zimtstangen
1 Streifen Zitronenschale
7–8 dl Bouillon, heiss
1 dl Milch, heiss
Pfeffer
Bratbutter oder Bratcrème
150 g Hüttenkäse nature
wenig Zimt

Varianten

... Statt Kohlrabi: Mairübchen (Navets), mit Blättern, verwenden.
... Statt Knoblauch: einige junge Bärlauchblätter verwenden.
... Statt Zimt: Ingwer und Kardamom verwenden.

1 Kohlrabiblätter abschneiden, beiseite stellen. Knollen schälen und holzige Stellen grosszügig entfernen, in feine Scheiben schneiden. Zwiebeln und Knoblauch fein schneiden.

2 Zwiebeln und Knoblauch mit Salz in Butter glasig dämpfen. Kohlrabi, Zimtstange und Zitronenschale beifügen, halb zugedeckt bei kleiner Hitze 10 Minuten dämpfen.

3 Bouillon dazugiessen, aufkochen. Zugedeckt bei kleiner Hitze 20–30 Minuten köcheln, bis der Kohlrabi weich ist.

4 Zimtstange und Zitronenschale entfernen, Suppe pürieren. Nochmals aufkochen, heisse Milch unter Rühren dazugiessen. Abschmecken, nach Bedarf mit Bouillon verdünnen.

5 Kohlrabiblätter je nach Grösse in Streifen schneiden, mit 1 Prise Salz in Bratbutter einige Minuten rührbraten.

6 Anrichten: Die Suppe in Teller oder Bowls verteilen. Die Kohlrabiblätter und Hüttenkäse darauf geben. Mit einem Hauch Zimt bestäuben.

Blumenkohlsuppe mit Emmentaler

Für 4 Portionen

500 g weisser oder grüner Blumenkohl oder Romanesco
1–2 Scheiben Brot, ohne Rinde, ca. 50 g
8–9 dl Bouillon, heiss
75 g gemahlene Haselnüsse oder Mandeln
1 Lauchstängel
2 Knoblauchzehen
Butter zum Dämpfen
1 Lorbeerblatt
Salz, Pfeffer
100 g Emmentaler Switzerland
2 EL Schnittlauchröllchen

Varianten

... Statt Brot: 1 mittelgrosse, mehlig kochende Kartoffel gerieben oder klein gewürfelt mit dem Blumenkohl beifügen.
... Statt Schnittlauchröllchen: feine Spinatblätter in Chiffonnade schneiden.

1 Blumenkohl oder Romanesco in Röschen teilen. Brot in 1 dl Bouillon quellen lassen und mit Nüssen oder Mandeln pürieren, beiseite stellen. Lauch fein schneiden. Knoblauch hacken.

2 Lauch und Knoblauch in Butter andämpfen. Blumenkohl oder Romanesco, Lorbeer, Salz und Pfeffer beifügen, dämpfen. Restliche Bouillon dazugiessen. Halb zugedeckt bei kleiner Hitze 30–35 Minuten köcheln, bis das Gemüse weich ist.

3 Lorbeer entfernen, Suppe pürieren. Nochmals aufkochen, Nuss-Brot-Püree dazugeben und abschmecken. Emmentaler in dünne Scheiben schneiden.

4 Anrichten: Die Suppe in Teller verteilen. Den Emmentaler darüber legen. Mit Schnittlauch bestreuen.

Grüne Frühlingssuppe

Für 4 Portionen

3 Bundzwiebeln mit Grün
2 mehlig kochende Kartoffeln, z. B. Agria
2 Rüebli
Salz
Butter zum Dämpfen
1 Hand voll junge Spinatblätter
je 8 Petersilien-, Kerbel- und Estragonzweige
8 dl Hühnerbouillon, heiss
Pfeffer
150 g Crème fraîche
2–3 Tassen gemischte Kräuter und Wildkräuter, z. B. glattblättrige Petersilie, Kerbel, Estragon, Schnittlauch, Bärlauch, Portulak, Rucola, Kresse, Blättchen oder klein geschnitten
4–8 Radieschen, geraffelt

Variante

Statt Radieschen: fein geschnittene Erdbeeren oder geröstete, gehackte Haselnüsse über die angerichtete Suppe streuen.

Dazu passt

...Eierstich, Seite 138
...Tünkli, Seite 144
...Crostini, Seite 144

1 Zwiebeln samt Grün fein hacken. Kartoffeln und Rüebli schälen, in Würfel schneiden.

2 Zwiebeln mit Salz in Butter glasig dämpfen. Kartoffeln, Rüebli, Spinat und Kräuterzweige beifügen, kurz dämpfen. Bouillon dazugiessen, aufkochen und würzen. Halb zugedeckt bei kleiner Hitze 30 Minuten köcheln.

3 Suppe pürieren, durch ein Sieb passieren. Nochmals aufkochen, abschmecken und mit Crème fraîche verfeinern.

4 Kurz vor dem Servieren Kräuter dazumischen und sofort mixen, bis die Suppe grün wird.

5 Anrichten: Die Suppe in Teller verteilen. Mit Radieschen bestreuen. Reichlich Pfeffer darüber mahlen.

Cremige Selleriesuppe

Für 4 Portionen

450 g Stangensellerie
1 mehlig kochende Kartoffel, z. B. Désirée
1 Lauchstängel, nur heller Teil
4–6 Schalotten
Salz
Butter zum Dämpfen
1 dl Apfelwein
8 dl Bouillon, heiss
1 dl Vollrahm
Pfeffer
wenig Muskatnuss

Dazu passt

... Knusperkräuter, Seite 135
... Crostini, Seite 144
... Pastazungen, Seite 146

1 Sellerie mit einem Teil der Blätter fein schneiden. Kartoffel schälen, in Würfel schneiden. Lauch fein schneiden. Schalotten hacken.

2 Lauch und Schalotten mit Salz in Butter andämpfen. Kartoffeln und Sellerie beifügen, bei höherer Hitze dämpfen. Mit Apfelwein ablöschen, einkochen. Bouillon dazugiessen. Zugedeckt bei kleiner Hitze weich garen.

3 Suppe pürieren. Mit Rahm verfeinern, abschmecken.

4 Anrichten: Die Suppe mit dem Stabmixer schaumig aufmixen. In Tassen oder Bowls verteilen.

Tipps

... Sellerie, vor allem die äusseren kräftigen Stangen, grosszügig rüsten, Fäden seitlich abziehen. Evtl. die Suppe nach dem Pürieren durch ein Sieb passieren.

... Die Suppe kann ohne Rahm 1 Tag im Voraus zubereitet werden: auskühlen lassen, zugedeckt im Kühlschrank aufbewahren. Kurz vor dem Servieren erhitzen, mit Rahm verfeinern und nach Bedarf abschmecken.

Suppen mit Biss

Dazu brauchts von allem ein bisschen mehr. Mehr Zutaten. Mehr Ausdauer beim Rüsten, Hacken, Kochen. Und mehr Hunger. Dafür gibts eine reichhaltige Suppenmahlzeit: mit zart schmelzendem Käse überbacken, bissfesten Suppeneinlagen und Garnituren angerichtet oder knuspriger Beilage serviert. Am besten heiss und sofort …

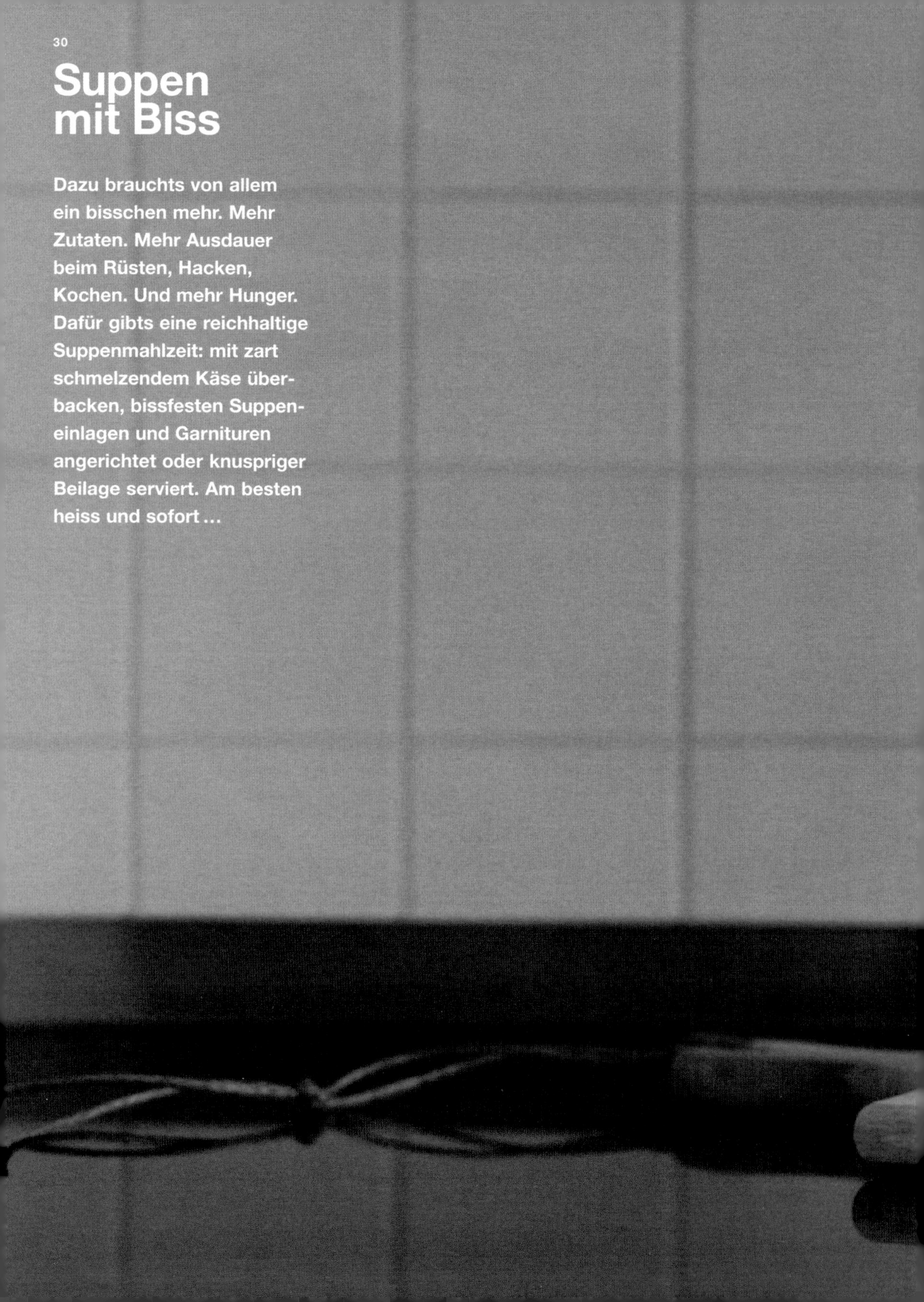

AU NAIN

Linsensuppe mit Reblochon

Für 4 Portionen

2 Stängel Stangensellerie
1 Apfel, z. B. Boskoop
Salz
Butter zum Dämpfen
250 g rote Linsen
1 Kräutersträusschen mit Petersilie, Thymian, Orangenschale
6–8 dl Bouillon, heiss
150 g Crème fraîche
2 EL körniger Senf
Pfeffer
150 g Reblochon

Varianten

... Statt Apfel: 1 reife Williams-Birne oder 4–6 Dörraprikosen verwenden.

... Statt Reblochon: Suppe mit grob geriebenem Emmentaler Switzerland bestreuen und überbacken.

1 Sellerie fein schneiden. Apfel in Viertel schneiden, Kerngehäuse entfernen.

2 Sellerie mit Salz in Butter dämpfen. Äpfel beifügen, kurz dämpfen. Linsen, Kräutersträusschen und 6 dl Bouillon dazugeben, aufkochen. Zugedeckt bei kleiner Hitze 20–30 Minuten köcheln.

3 Kräutersträusschen entfernen, Suppe pürieren. Nochmals aufkochen, nach Bedarf restliche Bouillon dazugiessen. Mit Crème fraîche, Senf und Pfeffer abschmecken.

4 Anrichten: Die Suppe in ofenfeste, vorgewärmte Bowls verteilen. Reblochon in dünne Scheiben schneiden, darauf legen. Auf ein Blech stellen, im oberen Teil des auf 225 °C vorgeheizten Ofens überbacken, bis der Käse geschmolzen ist. Pfeffer darüber mahlen. Sofort servieren.

Tipp

Die Suppe sollte eine eher dickflüssige, püreeähnliche Konsistenz haben.

Fenchelsuppe mit Pasta und Käsetuiles

Für 4 Portionen
3 mittelgrosse Fenchel
1 Rüebli
2 Sternanis
Salz
Butter zum Dämpfen
1,5 dl trockener Weisswein, nach Belieben
8 dl Bouillon, heiss
80 g Suppenpasta, z. B. Sternchen, oder kleine Maccaroni
2 EL Pernod, nach Belieben
einige Tropfen Zitronensaft
Pfeffer
2 EL Schnittlauchröllchen

Käsetuiles:
40 g Sbrinz und Gruyère gemischt, gerieben
40 g Mandelblättchen
25 g Mehl
20 g Bratcrème
Salz, Pfeffer
1/2 Eiweiss, luftig geschlagen

Variante
Statt Schnittlauchröllchen: feine Spinatblätter in Chiffonnade schneiden.

1 Fenchel fein schneiden. Rüebli schälen, fein schneiden.

2 Fenchel mit Sternanis und Salz in Butter andämpfen. Rüebli beifügen, dämpfen. Mit Wein ablöschen, einkochen. Bouillon dazugiessen. Halb zugedeckt bei kleiner Hitze 20 Minuten köcheln, bis das Gemüse weich ist.

3 Für die Tuiles Käse, Mandeln, Mehl, Bratcrème, Salz, Pfeffer und Eiweiss zu einem Teig zusammenfügen.

4 Teig zwischen Backpapier 2 mm dünn auswallen, Rondellen von 6–7 cm Ø ausstechen. Auf ein mit Backpapier belegtes Blech geben. In der Mitte des auf 200 °C vorgeheizten Ofens 6–8 Minuten backen. Auf einem Kuchengitter auskühlen lassen.

5 Sternanis entfernen, Pasta in die Suppe geben und al dente kochen. Mit Pernod, Zitronensaft, Salz und Pfeffer abschmecken.

6 Anrichten: Die Suppe in Teller verteilen. Mit Schnittlauch bestreuen. Die Käsetuiles dazu servieren.

Rotwein-Zwiebelsuppe mit Tomme

Für 4 Portionen
600 g rote Zwiebeln
4 Knoblauchzehen
7,5 dl kräftiger Rotwein
4 Gewürznelken
4 Lorbeerblätter
2 Thymianzweige
Butter zum Dämpfen
5 dl Fleischbouillon, heiss
2 TL Tomatenpüree
2–3 EL Balsamico-Essig
1 TL Zimt
Salz, Pfeffer
1–2 Tommes, ca. 150 g

Dazu passt
Crostini, Seite 144

1 Zwiebeln fein schneiden. Knoblauch hacken.

2 Wein mit Gewürznelken, Lorbeer und Thymianzweigen bei mittlerer Hitze zur Hälfte einkochen. Gewürze und Kräuterzweige entfernen.

3 Zwiebeln und Knoblauch in Butter bei kleiner Hitze 30–40 Minuten dämpfen.

4 Zwiebeln mit eingekochtem Wein und Bouillon ablöschen. Mit Tomatenpüree, Essig, Zimt, Salz und Pfeffer abschmecken.

5 Anrichten: Die Suppe in ofenfeste, vorgewärmte Bowls verteilen. Tommes in Viertel oder Achtel schneiden, darauf legen. Auf ein Blech stellen, im oberen Teil des auf 225 °C vorgeheizten Ofens überbacken, bis der Käse warm ist und leicht schmilzt. Sofort servieren.

Tipp
Die heissen Bowls auf mit Salz bestreute Teller stellen – das Salz lässt die Luft zirkulieren und die Bowls kühlen schneller ab (Bruchgefahr).

Gelberbssuppe mit Gewürzkräuterbutter

Für 4 Portionen

250 g Gelberbsen
1 Zwiebel
2 Rüebli
1 Minzenzweig, Blättchen
Salz
Butter zum Dämpfen
6–8 dl Hühnerbouillon, heiss
Minzenblättchen zum Garnieren

Gewürzkräuterbutter:
80–100 g gesalzene Butter, weich
1 Bundzwiebel, fein gehackt
1 Knoblauchzehe, durchgepresst
1/4 TL Rosenpaprika
1 Prise getrockneter Chili oder Cayennepfeffer
1 EL Schnittlauchröllchen

Varianten

...Statt Rüebli: Kürbis verwenden.

...Mit Fleisch: 100 g gekochten Schinken fein hacken, mit dem Gelberbspüree beifügen.

Dazu passt

Tünkli, Seite 144

1 Gelberbsen in kaltem Wasser 4–6 Stunden oder über Nacht quellen lassen.

2 Für die Gewürzkräuterbutter Butter rühren, bis sich Spitzchen bilden. Zwiebeln, Knoblauch, Paprika, Chili oder Cayennepfeffer und Schnittlauch darunter mischen. Zu einer Rolle formen, in Klarsichtfolie wickeln und kühl stellen.

3 Zwiebel fein schneiden. Rüebli schälen, in Würfel schneiden.

4 Zwiebeln, Rüebli und Minze mit Salz in Butter 10 Minuten dämpfen. Gelberbsen abgiessen, beifügen. Mit Bouillon aufgiessen, aufkochen. Halb zugedeckt bei kleiner Hitze 45–60 Minuten köcheln.

5 1/3–2/3 der Gelberbsen herausnehmen, mit etwas Kochflüssigkeit pürieren. Gelberbspüree in die Pfanne zu den restlichen Erbsen geben, mit Salz abschmecken.

6 Anrichten: Die Suppe in Teller verteilen. Mit Minze garnieren. Je 1 nussgrosses Stück Gewürzkräuterbutter darauf geben. Sofort servieren.

0,3 L

Kürbissuppe mit Röstmais

Für 4 Portionen
600–700 g Kürbis, z. B. Butternut
1 kleine, reife Williams-Birne
1 Lauchstängel, nur heller Teil
Salz
Butter zum Dämpfen
1 Lorbeerblatt
8 dl Hühnerbouillon, heiss
Pfeffer

Röstmais:
100 g feiner Maisgriess
2,5 dl Milch
1 Prise Salz
20 g gesalzene Butter
Bratcrème

Garnitur:
1 dl Doppelrahm
einige Safranfäden, in wenig Bouillon eingeweicht

Varianten

... 1/3 Kürbis durch Kartoffeln, Blumenkohl, Rüebli, Fenchel oder Knollensellerie ersetzen.

... Statt Röstmais: Kürbiskerne mit wenig Salz in Bratcrème rösten, über die angerichtete Suppe streuen.

... Statt Safranrahm: Fein zu Kürbis schmeckt auch ein Würzrahm, Seite 140, mit Macis, Muskatnuss, Zimt, Curry, Lebkuchengewürz, Salbei, Thymian oder Rosmarin.

1 Kürbis und Birne schälen, entkernen und in Würfel schneiden. Lauch fein schneiden.

2 Lauch mit Salz in Butter andämpfen. Kürbis, Birnen und Lorbeer beifügen, dämpfen. Bouillon dazugiessen, aufkochen. Halb zugedeckt bei kleiner Hitze 30 Minuten köcheln.

3 Für den Röstmais Maisgriess mit Milch und Salz in einer weiten Pfanne unter Rühren aufkochen. Bei kleiner Hitze 15–20 Minuten köcheln, öfters rühren.

4 Butter darunter mischen. Mais auf einem kalt abgespülten Brett 1 cm dick ausstreichen. Zugedeckt auskühlen lassen.

5 Mais in Rauten schneiden. Mit Bratcrème bestreichen, in einer beschichteten Bratpfanne unter Wenden knusprig-golden braten. Auf Haushaltpapier abtropfen lassen.

6 Lorbeer entfernen, Suppe pürieren und abschmecken. Für die Garnitur Doppelrahm mit Safran mischen.

7 Anrichten: Die Suppe in Teller verteilen. Mit dem Röstmais und dem Safranrahm garnieren. Sofort servieren.

Knoblauchcrème mit Schinken, Sbrinz und Pasta

Für 4 Portionen

3 Knoblauchknollen
4 Thymianzweige
oder 4 Salbeiblätter
1 Lorbeerblatt
8 dl Hühnerbouillon
2 TL Bratcrème
1/4 TL Honig
1 Prise Safran
Salz, Pfeffer
1–2 EL Zitronensaft
oder Apfelessig
50 g Suppenpasta,
z. B. Sternchen, Buchstaben
1–2 EL Doppelrahm
oder Crème fraîche
50 g Bauernschinken
4 EL geriebener Sbrinz

1 Knoblauchzehen aus den Knollen lösen (nicht schälen). Kräuterzweige und/oder -blätter mit Küchenschnur zu einem Sträusschen binden.

2 Bouillon mit Knoblauch, Kräutersträusschen, Bratcrème, Honig, Safran und 1 Prise Salz aufkochen. Zugedeckt bei kleiner Hitze 30–40 Minuten köcheln, bis der Knoblauch sehr weich ist.

3 Kräutersträusschen entfernen, Knoblauch mit der Schaumkelle herausnehmen und auskühlen lassen. Aus der Schale in eine Schüssel drücken, mit 2–3 dl Kochflüssigkeit pürieren.

4 Knoblauchpüree in die Pfanne zur restlichen Flüssigkeit geben. Mit Salz, Pfeffer und Zitronensaft oder Essig abschmecken.

5 Pasta in siedendem Salzwasser al dente kochen. Abgiessen, kalt abspülen und gut abtropfen lassen. Mit Doppelrahm oder Crème fraîche mischen, erwärmen. Schinken fein schneiden.

6 Anrichten: Die Suppe in Teller geben. Die Pasta, den Schinken und Sbrinz darüber verteilen.

Tipp

In der Schale gekochter Knoblauch wird nussig im Geschmack und kann einfacher aus den Häutchen gelöst werden.

Kräuterbouillon mit grünen Kartoffelgnocchi

Für 4 Portionen
8 dl Hühnerbouillon
1/2 Tasse gemischte, gehackte Kräuter, z. B. Kerbel, Petersilie, Schnittlauch
Salz, Pfeffer

Kartoffelgnocchi:
250 g mehlig kochende Kartoffeln, z. B. Agria
100 g Blattspinat oder Brennnesseln
50 g gekochter Schinken
1 EL Doppelrahm
1/2 EL Bratcrème
1 Eigelb
60–80 g Dunst oder Knöpflimehl
Salz, Pfeffer, Muskatnuss

Varianten
Statt Gnocchi:
... Flädli oder Traufen, Seite 138, in die leicht köchelnde Bouillon geben.
... Pizza Rustica, Seite 143, dazu servieren.

1 Für die Gnocchi Kartoffeln schälen, in Würfel schneiden und im Dampf zugedeckt weich kochen. Wasser abgiessen, Kartoffeln in der Pfanne ausdampfen lassen und noch heiss mit dem Kartoffelstampfer zerdrücken. Spinat oder Brennnesseln blanchieren, kalt abschrecken und gut auspressen. Schinken hacken.

2 Spinat oder Brennnesseln und Schinken mit Doppelrahm pürieren. Kartoffeln, Bratcrème, Eigelb, Dunst oder Mehl und Gewürze dazugeben, zu einem Teig zusammenfügen.

3 Teig vierteln, auf reichlich Dunst oder Knöpflimehl zu 1 cm dicken Rollen formen und in nussgrosse Portionen schneiden. Zugedeckt beiseite stellen.

4 Bouillon aufkochen. Gnocchi beifügen und bei kleiner Hitze ziehen lassen, bis sie an die Oberfläche steigen. Kräuter dazugeben, mit Salz und Pfeffer abschmecken.

5 Anrichten: Die Bouillon mit den Gnocchi in Bowls verteilen.

Rote Milchsuppe mit Fisch und Fenchel

Für 4 Portionen

1 Lauchstängel, nur heller Teil
1 Zwiebel
1 Stück Knollensellerie
2 Knoblauchzehen
5 dl Gemüsebouillon
2–3 Petersilienstängel
250–350 g Fischfilets, z. B. Egli, Saibling, Forellen, Felchen
1 dl trockener Weisswein oder Apfelwein
2 TL Mehl
1 EL Doppelrahm
2 EL Tomatenpüree
2 dl Milch
Salz

Garnitur:
1 kleiner Fenchel, fein gehobelt
wenig abgeriebene Zitronenschale
2 EL gehackte Petersilie

Variante

Statt Fisch: Fleischbällchen, Seite 59, zubereiten (nicht braten). Weiter nach Rezept, Schritt 3.

1 Lauch fein schneiden. Zwiebel in Spalten schneiden. Selleriestück und Knoblauch schälen (ganz lassen).

2 Bouillon mit Lauch, Zwiebeln, Sellerie, Knoblauch und Petersilienstängel in einer weiten Pfanne aufkochen, bei kleiner Hitze 10 Minuten köcheln.

3 Fischfilets hineinlegen, 10–12 Minuten ziehen lassen.

4 Fischfilets und Gemüse mit der Schaumkelle sorgfältig herausnehmen, zugedeckt beiseite stellen. Bouillon durch ein Sieb passieren, in die Pfanne zurückgeben. Wein dazugiessen, aufkochen.

5 Mehl mit Doppelrahm glatt rühren, unter Rühren in die Bouillon geben. 5 Minuten köcheln, bis die Suppe gebunden ist. Tomatenpüree und Milch dazurühren, 5 Minuten köcheln.

6 Gemüse in die Suppe geben, warm werden lassen. Mit Salz abschmecken.

7 Anrichten: Die Fischfilets in Teller verteilen. Die Suppe mit Gemüse dazugeben. Mit Fenchel, Zitronenschale und Petersilie garnieren.

Tipp

Die Suppe ist nur leicht gebunden, sodass sie das feine Fischfleisch wie eine Sauce ergänzt.

Suppen einfach

Ein Teller Suppe wirkt oft Wunder. Stillt den kleinen Hunger zwischendurch. Weckt den Geist. Oder wärmt die Hände. Die Zutaten dafür lassen sich meist einfach aus dem Vorrat zaubern: Bouillonwürfel, rohes oder gedämpftes Gemüse, Pasta-resten oder Gschwellti vom Vortag, ein paar Kräuter-zweiglein vom Balkon, ein Stück Käse zum Darüber-reiben. Schon fertig …

Maissuppe

Für 2 Portionen

2–3 Maiskolben,
für ca. 330 g Körner
6 dl Milch
30 g gesalzene Butter
1 Rosmarinzweig
1 TL Salz

Garnitur:
1 EL Popcorn-Mais
einige Rosmarinnadeln

1 Maiskolben halbieren, Körner mit einem Messer dicht am Kolben entlang abschneiden.

2 Milch mit Butter und Rosmarinzweig aufkochen. Maiskörner beifügen, halb zugedeckt bei kleiner Hitze 20 Minuten weich kochen.

3 Für die Garnitur Popcorn-Mais nach Anleitung auf der Packung in einer Pfanne zugedeckt aufspringen lassen. Herausnehmen, beiseite stellen.

4 Rosmarinzweig entfernen, Suppe pürieren und durch ein Sieb passieren. Mit Salz abschmecken.

5 Anrichten: Die Suppe in Bowls oder Teller verteilen. Mit Popcorn und Rosmarin garnieren.

Tipp

Wenn die Suppe zu dünnflüssig ist, nach dem Passieren 1–2 EL 2-Minuten-Polenta dazurühren, 2 Minuten köcheln.

Estragonsuppe

Für 1 Portion

1 Tasse Tomatensaft, gewürzt, oder kräftige Bouillon
2 TL gehackter Estragon
wenig Apfelessig
2 EL geriebener Gruyère
1 Stück Eierstich, Seite 138, nach Belieben

1 Tomatensaft oder Bouillon erhitzen. Estragon beifügen. Mit Essig abschmecken.

2 Anrichten: Die Suppe in eine Tasse oder Bowl geben. Mit Gruyère bestreuen. Eierstich hineinlegen.

Varianten

Statt Eierstich:

... Flädli, Seite 138, in die Suppe geben.

... 1 Ei verquirlen, leicht mit Salz und Paprika würzen und unter kräftigem Rühren in die Suppe geben, nicht mehr kochen.

... 2 EL Vollrahm flaumig schlagen, mit wenig Tomatenpüree oder -paste abschmecken und auf die angerichtete Suppe geben.

Scharfe Käse-Kartoffelsuppe

Für 2 Portionen
2–4 mehlig kochende Kartoffeln,
z. B. Agria, Urgenta, gekocht
1,5 dl Vollrahm
4–5 dl Bouillon, heiss
Salz, Pfeffer
Peperoncini
oder Cayennepfeffer
80 g Käse,
z. B. Emmentaler Switzerland,
Raclettekäse
1 Bundzwiebel, fein geschnitten,
oder Zwiebelsprossen

Tipp
Resten von Salzkartoffeln, Gschwellti (ohne Schale) oder Kartoffelstock verwenden.

1 Kartoffeln mit dem Kartoffelstampfer zerdrücken.

2 Kartoffeln mit Rahm unter Rühren erwärmen. Bouillon dazugiessen, mit Salz, Pfeffer und Peperoncini oder Cayennepfeffer würzen. Bei kleiner Hitze einige Minuten köcheln.

3 Anrichten: Die Suppe in Teller oder Bowls verteilen. Käse an der Röstiraffel darüber reiben. Mit Zwiebeln oder Sprossen bestreuen.

Raffelsuppe

Für 4 Portionen

200 g geraffelte Rüebli
100 g geraffelter Knollensellerie
100 g geraffelte Zwiebeln
100 g gehackter Blattspinat oder Federkohl
7–8 dl Wasser oder Bouillon, heiss
1 TL Salz
1 TL Honig
3 dl Tomatensaft oder pürierte Tomaten
1 EL gehackte Kräuter, z. B. Petersilie, Schnittlauch
100 g geriebener Käse, z. B. Emmentaler Switzerland

1 Rüebli, Sellerie, Zwiebeln und Spinat oder Kohl in eine weite Pfanne geben. Wasser oder Bouillon dazugiessen, mit Salz und Honig würzen. Gemüse zugedeckt weich garen.

2 Tomatensaft oder pürierte Tomaten dazugeben. 5 Minuten offen köcheln, abschmecken.

3 Anrichten: Die Suppe pürieren oder durch ein Sieb passieren. In Bowls verteilen. Mit Kräutern und Käse bestreuen.

Tipp

Wird die Suppe püriert, wird sie cremig-dickflüssig. Passiert man sie ungemixt durch ein Sieb, gibts eine Bouillon.

Dazu passt

... Eierstich, Seite 138
... Croûtons, Seite 144

Reisbällchen-Suppe

Für 4 Portionen
250 g kalte Risottoresten
1 Ei, verquirlt
2 EL geriebener Sbrinz
8 dl Bouillon, Tomaten- oder Pilz-Consommé, Seiten 128–131
6–8 EL Brotbrösmeli
Bratbutter oder Bratcrème
2 EL Schnittlauchröllchen

Varianten
... Mit Fleischbällchen: 200 g Hackfleisch mit 1 fein gehackten Schalotte, 50 g geriebenem Emmentaler Switzerland, 1 EL gehackter Petersilie, wenig Thymian, Salz, Pfeffer und 1 verquirlten Ei mischen. Mit angefeuchteten Händen gut nussgrosse Bällchen formen. Braten (ohne Panade) nach Rezept, Schritt 3.
... Statt Schnittlauchröllchen: Basilikum- oder feine Spinatblätter in Chiffonnade schneiden.

1 Risotto mit ½ Ei und Sbrinz mischen. 12 Bällchen formen, zugedeckt kühl stellen.

2 Bouillon oder Consommé heiss werden lassen.

3 Reisbällchen zuerst in restlichem Ei, dann in Brotbrösmeli wenden. In Bratbutter bei mittlerer Hitze unter Wenden goldbraun braten. Auf Haushaltpapier abtropfen lassen.

4 Anrichten: Die Bouillon oder Consommé in Bowls oder Teller verteilen. Die Reisbällchen hineingeben. Mit Schnittlauch bestreuen.

Cremige Senfsuppe

Für 4 Portionen
2 Lauchstängel, nur heller Teil
3 mehlig kochende Kartoffeln, z. B. Désirée
1/2 TL Salz
Butter zum Dämpfen
3 EL körniger Senf
6 dl Bouillon, heiss
3 dl Vollrahm
1 EL scharfer Dijon-Senf
einige Schnittlauchröllchen oder Estragonblättchen

Variante
Statt rohe Kartoffeln: Resten von Kartoffelstock oder 15–20 EL Kartoffelflocken verwenden.

Dazu passt
... Pizza Rustica, Seite 143
... Pastazungen, Seite 146

1 Lauch fein schneiden. Kartoffeln schälen.

2 Lauch mit Salz in Butter andämpfen. Kartoffeln direkt dazureiben, bei höherer Hitze dämpfen. Senf und Bouillon beifügen. Zugedeckt bei kleiner Hitze 15 Minuten köcheln.

3 Suppe pürieren. Mit Rahm und Senf verfeinern, abschmecken.

4 Anrichten: Die Suppe mit dem Stabmixer schaumig aufmixen. In Tassen oder Bowls verteilen. Mit Schnittlauch oder Estragon bestreuen.

Tipp
Suppe nach Belieben durch ein Sieb passieren.

Tassensuppe

Für 2–3 Portionen

3 Tassen Bouillon
1 Tasse gehackter Lauch oder Zwiebeln
1 Tasse geschälte, gewürfelte Kartoffeln, z. B. Agria, Urgenta
½–1 Tasse Vollrahm, Crème fraîche oder Milch
Salz, Pfeffer
einige Kräuterblättchen, z. B. Koriander, Zitronenbasilikum, Petersilie, ganz oder gehackt

1 Bouillon aufkochen. Lauch oder Zwiebeln und Kartoffeln beifügen, halb zugedeckt bei kleiner Hitze köcheln, bis sie weich sind.

2 Suppe pürieren. Rahm, Crème fraîche oder Milch dazugeben und erhitzen, abschmecken.

3 Anrichten: Die Suppe in Bowls oder Teller verteilen. Mit Kräutern bestreuen.

Tipp

Suppe nicht oder nur teilweise pürieren.

Varianten

Statt Lauch oder Zwiebeln:

... Randen verwenden und vor dem Pürieren 1 gehackte Bundzwiebel (samt Grün) beifügen.

... Pastinaken oder Kohlrabi verwenden, Suppe mit Thymian oder frisch geriebener Muskatnuss abschmecken.

... Rüebli verwenden, Suppe mit Cayennepfeffer und Ingwer abschmecken.

... Sellerie oder Fenchel verwenden und 2 Knoblauchzehen mitkochen.

Dazu passt

... Croûtons, Seite 144
... Pain-perdu-Würfel, Seite 144
... Crostini, Seite 144

Hühnersuppe

Für 2 Portionen

1 grosses Pouletbrüstchen
30 g gesalzene Butter
1/2 Zitrone, abgeriebene Schale und Saft
1–2 Minzenzweige, Blättchen
5 dl Bouillon, heiss
1 Hand voll Suppenpasta
Salz, Pfeffer
1 Hand voll Sprossen, z. B. Rucola, Alfalfa

Tipp

Geflügel- oder Bratenresten verwenden.

1 Pouletbrüstchen in Streifen schneiden.

2 Butter mit Zitronenschale, -saft und Minze erwärmen. Pouletfleisch beifügen und unter Wenden erhitzen, bis es weiss wird.

3 Bouillon und Pasta dazugeben. Bei kleiner Hitze 10 Minuten ziehen lassen, würzen.

4 Anrichten: Die Suppe in Teller verteilen. Mit Sprossen bestreuen.

Stracciatella

Für 2 Portionen

2 Tassen Bouillon
2 Eier
2 EL geriebener Sbrinz
wenig frisch geriebene Muskatnuss
2 EL gehackte Petersilie
Salz, Pfeffer

Varianten

... Mit Fleisch (Resten): 1 Tasse gegartes, klein geschnittenes Poulet- oder Kalbfleisch am Schluss beifügen.

... Mit Reis, Pasta oder Getreide (Resten): 1/2–1 Tasse gekochten Reis, feine Eiernudeln oder Perlgerste am Schluss beifügen.

Dazu passt

... Crostini, Seite 144
... Ravioli, Seite 146

1 1 1/2 Tassen Bouillon aufkochen. Hitze reduzieren, sodass die Bouillon leicht köchelt.

2 Restliche Bouillon mit Eiern, Sbrinz, Muskatnuss und Petersilie verquirlen, unter kräftigem Rühren in die Bouillon giessen. 1–3 Minuten ziehen lassen, bis die Eier gestockt sind, ab und zu rühren. Suppe abschmecken.

3 Anrichten: Die Suppe in Bowls verteilen.

Suppen kalt

Wer Suppen nur heiss und winters löffelt, verpasst das Beste. Die saftigen Früchte. Die süssen Beeren. Die vitaminstarken Gemüse. Und die coolen Sommer-Erfrischungen. Alle anderen geniessen es: mit einem Suppendrink in der Hand, mit Apérosuppen und Suppendesserts. Mit Eis gekühlt, mit Schlagrahm garniert …

Kugelsuppe

Für 4 Portionen

2 kg Tomaten,
z. B. San Marzano
2 Knoblauchzehen
6 Basilikumblätter
Bratbutter oder Bratcrème
1/2–1 EL Balsamico-Essig
1/4 TL Honig
Salz, Pfeffer
100 g Mozzarella-Perlen
oder Mozzarelline, abgetropft
1/2 Tasse Gemüseperlen,
z. B. Gurke, Zucchini, Melone,
Seite 137
1/2 Tasse Cherrytomaten,
halbiert
einige Basilikumblätter

1 Tomaten grob zerkleinern. Knoblauch hacken.

2 Tomaten mit Knoblauch und Basilikum in Bratbutter zugedeckt braten, bis sie weich sind, ein- bis zweimal wenden.

3 Durch ein Sieb passieren, ergibt ca. 4 dl Saft. Mit Essig, Honig, Salz und Pfeffer kräftig abschmecken. Zugedeckt kühl stellen.

4 Anrichten: Die Suppe in Teller geben. Mozzarella, Gemüseperlen, Cherrytomaten und Basilikum darauf verteilen. Pfeffer darüber mahlen.

Tipp

Saft je nach Tomatensorte und Wassergehalt mit kalter Bouillon verdünnen.

7/8
3/4
700
5/8
600
1/2

Gelbe Peperonisuppe mit Couscous-Salat

Für 4 Portionen

4 gelbe Peperoni, ca. 800 g
2 Zwiebeln
1 Knoblauchzehe
Salz, Pfeffer
Butter zum Dämpfen
6 dl Bouillon, heiss
1 Bund Kerbel, mit Küchenschnur gebunden
1–2 TL Honig

Couscous-Salat:
1,5 dl Wasser
1/4 TL Salz
100 g Couscous
100 g Freilandgurke
1 Bundzwiebel
2 EL gehackter Kerbel
1/2 Zitrone, abgeriebene Schale und Saft
2 EL Öl
Pfeffer
100 g Feta, fein zerkrümelt

1 Peperoni auf ein mit Backpapier belegtes Blech geben. In der Mitte des auf 220 °C vorgeheizten Ofens 15–20 Minuten rösten, ein- bis zweimal wenden.

2 Peperoni unter einem feuchten Tuch auskühlen lassen, enthäuten (Saft auffangen), halbieren, entkernen und fein schneiden. Zwiebeln fein hacken. Knoblauch durchpressen.

3 Zwiebeln und Knoblauch mit Salz und Pfeffer in Butter dämpfen. Bouillon dazugiessen, aufkochen. Kerbel und Peperoni (samt Saft) beifügen, zugedeckt 10 Minuten köcheln.

4 Kerbel entfernen, Suppe pürieren. Mit Honig, Salz und Pfeffer abschmecken. Zugedeckt kühl stellen.

5 Für den Couscous-Salat Wasser mit Salz aufkochen und über das Couscous giessen, quellen lassen. Gurke schälen, fein würfeln. Zwiebel fein hacken. Couscous mit einer Gabel lockern. Gurken, Zwiebeln, Kerbel, Zitronenschale, -saft und Öl darunter mischen, abschmecken.

6 Anrichten: Die Suppe in Teller verteilen. Den Couscous-Salat in die Mitte häufen, mit Feta bestreuen.

LITRES IMP PINTS
1·2
2
1·0
1½
0·8

Bloody-Mary-Suppe

Für 4–6 Portionen

4 Fleischtomaten
1 rote Peperoni
1 Freilandgurke
1–2 Stängel Stangensellerie
1 rote Zwiebel
1 Knoblauchzehe
2 EL Öl
1 Zitrone, Saft
1 EL geriebener Meerrettich
Worcestersauce
Tabasco
Salz, Pfeffer
4 EL Wodka, eiskalt, nach Belieben
evtl. wenig Bouillon, kalt

Garnitur:
Sellerie- oder Kräutersalz für den Gläserrand
6–8 Eiswürfel, zerkleinert

Dazu passt

... Käsetuiles, Seite 34
... Blätterteigstangen, Seite 149

1 Tomaten in Würfel schneiden. Peperoni halbieren, entkernen und klein würfeln. Gurke schälen, längs halbieren, entkernen und klein schneiden. Sellerie in feine Streifen schneiden. Zwiebel und Knoblauch fein hacken.

2 Tomaten, Peperoni, Gurken, Sellerie, Zwiebeln und Knoblauch pürieren, in eine Schüssel geben. Mit Öl, Zitronensaft, Meerrettich, Worcestersauce, Tabasco, Salz und Pfeffer kräftig abschmecken. Zugedeckt 2 Stunden kühl stellen.

3 Für die Garnitur Gläserrand zuerst millimetertief in kaltes Wasser tauchen, dann in Gewürzsalz drehen. Kühl stellen.

4 Anrichten: Die Suppe mit Wodka mischen, wenn nötig mit Bouillon verdünnen. In die Gläser verteilen. Eis dazustreuen.

Kalte Rüeblisuppe

Für 6 Portionen
350 g Rüebli
2–4 rote oder gelbe Tomaten, ca. 350 g
Salz
Butter zum Dämpfen
4 dl Hühner- oder Gemüsebouillon, heiss
Pfeffer, Paprika
½–1 TL Honig
5 dl Buttermilch, eiskalt
1–2 EL gehackte Petersilie

Variante
Statt Petersilie: geröstete, grob gemahlene Sesamsamen über die angerichtete Suppe streuen.

Dazu passt
... Jogurtkugeln, Seite 140
... Crostini, Seite 144
... Pastazungen, Seite 146

1 Rüebli schälen, an der Bircherraffel reiben. Tomaten enthäuten, hacken.

2 Rüebli mit Salz in Butter 2 Minuten dämpfen. Tomaten beifügen, weitere 3 Minuten dämpfen. Bouillon dazugiessen, mit Salz, Pfeffer, Paprika und Honig würzen. Zugedeckt bei kleiner Hitze 30–40 Minuten köcheln.

3 Suppe auskühlen lassen, pürieren. Buttermilch dazugeben, wenn nötig abschmecken.

4 Anrichten: Die Suppe in Gläser oder Bowls verteilen. Mit Petersilie bestreuen.

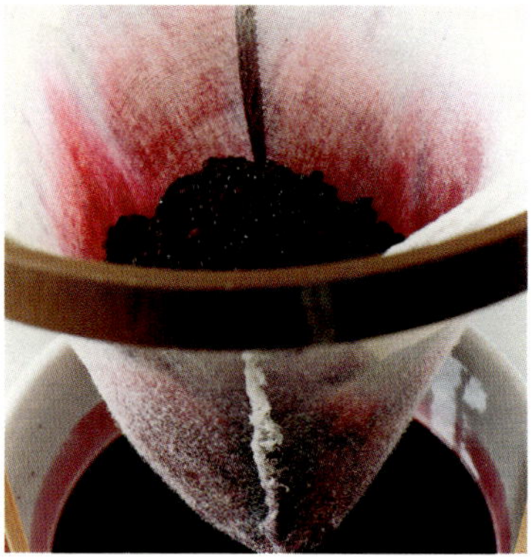

Holunderbeersuppe mit Griessklösschen

Für 4–6 Portionen

7 dl Holunderbeersaft (Reformhaus)
1 Stück Zitronenschale
1/2 Zimtstange
2 Gewürznelken
2 TL Maisstärke, mit 1 EL Wasser angerührt
1 dl Wasser
1/2 Zitrone, Saft
2 TL Zucker
1–2 säuerliche Äpfel, z. B. Klarapfel, Julired
100 g Sauermilch

Griessklösschen:
1 Portion Griessklösschenmasse, Seite 143

1 Holundersaft mit Zitronenschale, Zimtstange und Gewürznelken 5 Minuten köcheln. Maisstärke dazurühren. Bei kleiner Hitze kochen, bis der Saft gebunden ist. Auskühlen lassen, Zimtstange und Gewürznelken entfernen.

2 Wasser mit Zitronensaft und Zucker 5 Minuten köcheln. Äpfel in Schnitze schneiden, beifügen und knapp weich garen. Auskühlen lassen.

3 Für die Griessklösschen aus der Griessmasse mit zwei Teelöffeln Klösschen formen. In siedendem Salzwasser ziehen lassen, bis sie sich drehen. Mit der Schaumkelle herausnehmen, abtropfen lassen.

4 Anrichten: Den Holundersaft mit Äpfeln samt Saft mischen. In Teller verteilen. Die Griessklösschen in die Mitte setzen. Sauermilch darüber träufeln.

Holunderbeersaft selbst gemacht

1,2 kg Holunderbeerdolden gut waschen, trockenschütteln und Beeren mit einer Gabel von den Stielen streifen. Mit 250 g Brombeeren und 6 dl Wasser aufkochen und 15 Minuten köcheln, bis die Beeren weich sind. Durch ein Safttuch abgiessen, Saft auffangen. Pro 1 Liter Saft 300 g Gelierzucker beifügen, unter Rühren aufkochen und 5 Minuten sprudelnd kochen. Den Holundersaft in gut gereinigte, vorgewärmte Flaschen abfüllen, sofort verschliessen. Im Kühlschrank aufbewahren.

Rote Jogurtsuppe

Für 6 Portionen

2 Fleischtomaten
1 l Bouillon
15 g Bratcrème, ca. 1 EL
15 g Mehl, ca. 1 EL
2 Eier
1 1/2 Zitrone, Saft
500 g Jogurt nature
Salz, Pfeffer
1 Hand voll Minzenblättchen

Dazu passt

... Käsetuiles, Seite 34
... Blätterteigstangen, Seite 149

1 Tomaten in Würfel schneiden, pürieren und durch ein Sieb streichen. Kühl stellen.

2 Bouillon erhitzen. Bratcrème mit Mehl mischen, dazurühren. 10 Minuten köcheln.

3 Eier mit Zitronensaft verquirlen, 1 dl heisse Bouillon nach und nach unter Rühren dazugeben. Zur restlichen Bouillon rühren, bei kleiner Hitze unter ständigem Rühren bis knapp vors Kochen bringen. Auskühlen lassen.

4 Jogurt und Tomatenpüree mit dem Mixer unter die Bouillon mischen, kräftig würzen.

5 Anrichten: Die Suppe in Tassen verteilen. Mit Minze bestreuen.

Kalte Currysuppe

Für 4 Portionen

2 Schalotten
1 Knoblauchzehe
1 kleiner, säuerlicher Apfel, z. B. Julired, Klarapfel
Butter zum Dämpfen
1 Stück frische Ingwerwurzel, geschält, oder ¼ TL gemahlener Ingwer
1–2 EL Currypulver
½ TL gemahlener Koriander
2 EL Mehl
8 dl Hühner- oder Gemüsebouillon, heiss
1 dl Vollrahm
1–2 EL Zitronensaft
Salz, Pfeffer
wenig frischer Koriander oder grob zerstossene Kräuter-Eiswürfel, Seite 135

Dazu passt

Pastazungen, Seite 146

1 Schalotten und Knoblauch fein hacken. Apfel in Viertel schneiden, Kerngehäuse entfernen.

2 Schalotten in Butter glasig dämpfen. Apfel und Ingwer direkt dazureiben und Knoblauch beifügen, dämpfen. Curry, Koriander und Mehl dazustreuen, unter Rühren 1 Minute dämpfen. Bouillon dazugiessen, unter Rühren aufkochen. Bei kleiner Hitze 10–15 Minuten köcheln.

3 Rahm dazugiessen, mit Zitronensaft, Salz und Pfeffer abschmecken. Suppenspiegel mit Klarsichtfolie abdecken (verhindert die Hautbildung), Pfanne ins Eiswasserbad stellen und Suppe auskühlen lassen. Zugedeckt einige Stunden oder über Nacht kühl stellen.

4 Anrichten: Die Suppe mit dem Stabmixer schaumig aufmixen. In Tassen oder Bowls verteilen. Koriander oder Kräutereis darüber streuen oder separat dazu servieren.

Gelierte Randensuppe mit Blini

Für 4 Portionen

400 g rohe Randen
7 dl konzentrierte Hühnerbouillon
1/2 Zitrone, Saft
1 Prise Zucker
1 Prise Cayennepfeffer
Salz, Pfeffer
3–4 Blatt Gelatine, in kaltem Wasser eingeweicht
2–3 EL Bouillon, heiss
125 g Crème fraîche

Garnitur:
1–2 kleine Randen, gekocht, in feine Würfel geschnitten
wenig Stangensellerie und Rüebli, in Julienne geschnitten
einige Kopfsalat- oder Lattich-Herzblätter
4 kleine Kartoffeln, gekocht, längs halbiert

8 Blini, warm

1 Randen schälen, 2/3 direkt in die Bouillon raffeln. Bei kleiner Hitze 30 Minuten köcheln.

2 Von der Platte nehmen, restliche Randen dazuraffeln. Zugedeckt 30 Minuten stehen lassen.

3 Randenbouillon durch ein Sieb passieren, Randen im Sieb gut auspressen. Bouillon mit Zitronensaft, Zucker, Cayennepfeffer, Salz und Pfeffer abschmecken.

4 Gelatine gut auspressen, in heisser Bouillon auflösen und zur Randenbouillon geben. In Teller verteilen, kühl stellen.

5 Anrichten: Crème fraîche auf der leicht gelierten Suppe verteilen. Mit Gemüse und Kartoffeln garnieren. Blini dazu servieren.

Blini selbst gemacht

Für 8 Stück: 1,75 dl Milch mit 30 g Butter erwärmen. Von der Platte nehmen und 1 TL Trockenhefe dazumischen, 5 Minuten stehen lassen. Je 100 g Mehl und Buchweizenmehl, 1 EL Honig und 1/2 TL Salz beifügen, zu einem glatten Teig verrühren. Zugedeckt bei Raumtemperatur 1 Stunde stehen lassen. 1–2 verquirlte Eier dazugeben. 2 EL grosse Portionen Bliniteig in Butter unter Wenden braten. Die Blini bis zum Servieren warm stellen.

Aprikosen-Erdbeer-Suppe mit Meringue-Rahm

Für 4–6 Portionen

600 g reife Aprikosen
250 g reife Erdbeeren
3 dl Wasser
1/2 Zitrone, Saft
6–8 EL Zucker
1 Verveine- oder Rosmarinzweig
1 Msp. Zimt

Meringue-Rahm:
1–2 Meringues
1,2 dl Vollrahm

1 Aprikosen halbieren, entsteinen und in Viertel schneiden. Erdbeeren rüsten, je nach Grösse halbieren.

2 Wasser mit Zitronensaft, 4 EL Zucker und Kräuterzweig aufkochen. Aprikosen beifügen und zugedeckt bei kleiner Hitze köcheln, bis sie weich sind. Auskühlen lassen, Kräuterzweig entfernen.

3 Erdbeeren pürieren, wenn nötig mit 2 EL Zucker süssen. Nach Belieben durch ein Sieb streichen. Zugedeckt kühl stellen.

4 Aprikosen mit 1,5 dl Kochflüssigkeit pürieren. Nach Bedarf verdünnen und mit restlichem Zucker süssen, mit Zimt abschmecken. Zugedeckt kühl stellen.

5 Anrichten: Das Aprikosen- und Erdbeerpüree mischen. In Gläser verteilen, kühl stellen.

6 Für den Meringue-Rahm Meringues an der Röstiraffel reiben, Rahm steif schlagen. Meringue und Rahm mischen, auf die angerichtete Suppe geben. Sofort servieren.

Melonen-Minzen-Suppe

Für 4 Portionen
1 Zuckermelone,
für ca. 400 g Fruchtfleisch
1 Freilandgurke
1–2 Minzenzweige,
z. B. Krauseminze, Blättchen
1/2 Lime oder Zitrone,
abgeriebene Schale und Saft
Salz, Pfeffer
250 g Jogurt nature

Garnitur:
kleine Melonenperlen, Seite 137
Minzenblättchen
Pfeffer aus der Mühle

1 Melone in Viertel schneiden, Kerne mit einem Löffel entfernen, Fruchtfleisch von der Schale lösen und in Würfel schneiden. Gurke schälen, längs halbieren, entkernen und in Würfel schneiden.

2 Melonen mit Gurken, Minze, Zitrusschale und -saft pürieren. Durch ein Sieb passieren, kräftig würzen. Zugedeckt einige Stunden oder über Nacht kühl stellen.

3 Anrichten: Das Melonenpüree mit Jogurt verrühren. In Gläser oder Bowls verteilen. Mit Melonenperlen und Minze garnieren. Reichlich Pfeffer darüber mahlen. Sofort servieren.

Varianten

... Statt Minze: Dill oder Zitronenbasilikum verwenden.

... Mit Fleisch: Rohschinken oder Bündnerfleisch in feine Streifen schneiden, über die angerichtete Suppe streuen.

Eisgekühlte Kirschensuppe

Für 4–6 Portionen
750 g Kirschen
1,5 dl Rotwein
oder roter Johannisbeersaft
25–50 g Rohzucker
1–2 EL Zitronensaft
einige Tropfen Bittermandelaroma
100 g Crème fraîche

Garnitur:
4–6 EL Sauermilch
4–6 Kugeln Zitronensorbet
Minzenblättchen

1 Kirschen entsteinen, Saft auffangen.

2 Kirschen mit -saft, Wein oder Johannisbeersaft und 25 g Zucker aufkochen. Zugedeckt bei kleiner Hitze weich kochen.

3 Kirschen auskühlen lassen, samt Saft pürieren. Mit Zitronensaft, Bittermandelaroma und wenn nötig restlichem Zucker abschmecken. Crème fraîche darunter mischen. Zugedeckt kühl stellen.

4 Anrichten: Die Suppe in Teller verteilen. Je 1 EL Sauermilch darüber träufeln und 1 Kugel Zitronensorbet in die Mitte setzen. Mit Minze garnieren.

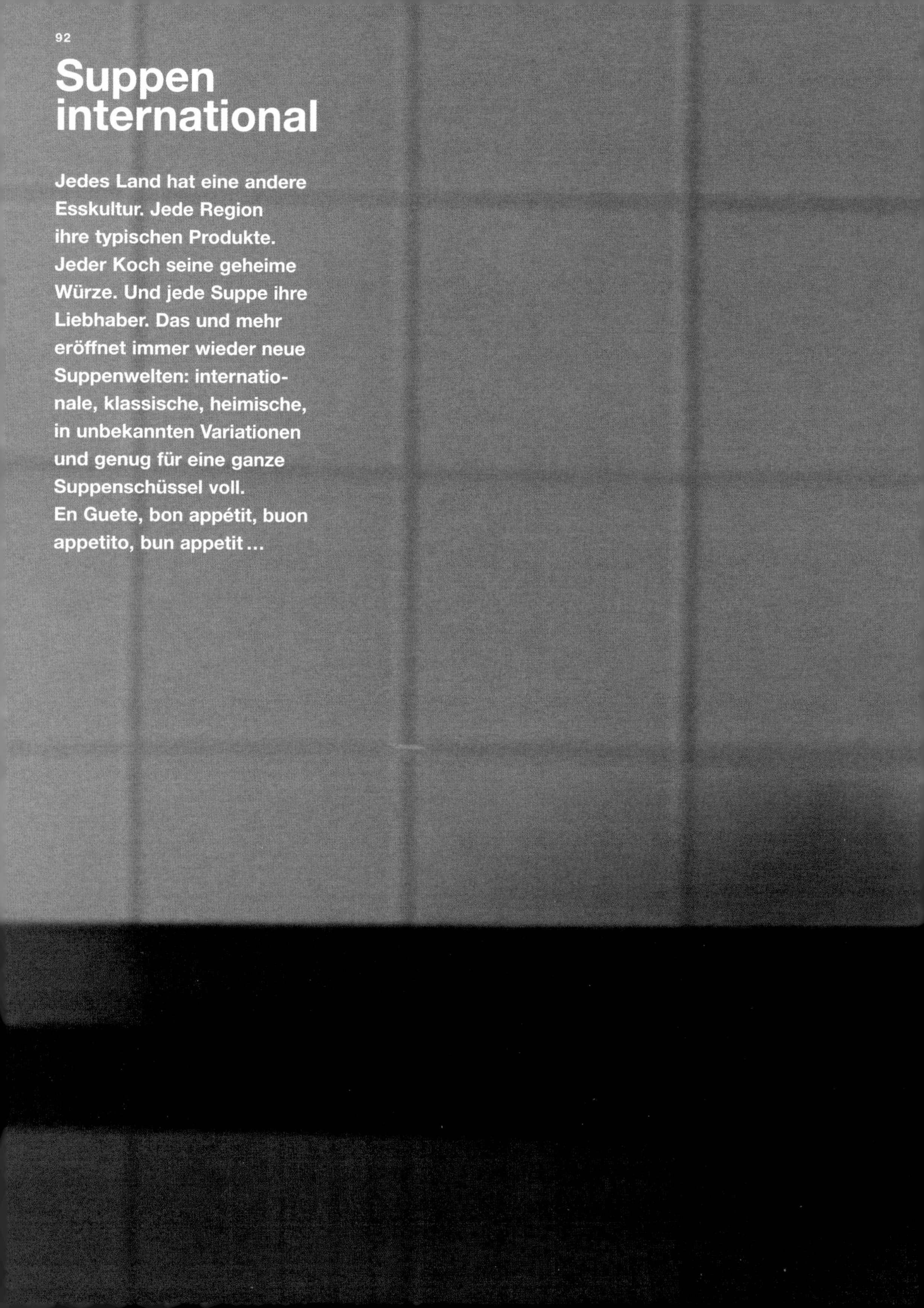

Suppen international

Jedes Land hat eine andere Esskultur. Jede Region ihre typischen Produkte. Jeder Koch seine geheime Würze. Und jede Suppe ihre Liebhaber. Das und mehr eröffnet immer wieder neue Suppenwelten: internationale, klassische, heimische, in unbekannten Variationen und genug für eine ganze Suppenschüssel voll. En Guete, bon appétit, buon appetito, bun appetit …

Ribollita

Toskanische Brotsuppe

Für 4–6 Portionen

150 g getrocknete weisse Bohnen
100 g Specktranchen
1 rote Zwiebel
4 Knoblauchzehen
1 Rüebli
2 Stängel Stangensellerie
1–2 Tomaten
100 g Spitzkohl oder Weisskabis
Bratbutter oder Bratcrème
1 Kräutersträusschen mit 4 Petersilienzweigen, 1 Bohnenkrautzweig
1,2–1,5 l Hühnerbouillon, heiss
100–125 g Weissbrot
100 g Blattspinat oder Schnittmangold
Salz, Pfeffer
100 g Bergkäse, grob gerieben

Varianten

... Statt Speck: etwas Schinkenschwarte oder einen Schinkenknochen mitkochen.

... Statt Spitzkohl oder Weisskabis: Rotkabis oder Federkohl verwenden.

... Statt Bohnenkraut: Thymian oder Rosmarin verwenden.

1 Bohnen einige Stunden oder über Nacht in kaltem Wasser quellen lassen.

2 Bohnen in einem Sieb abtropfen lassen. Speck und Zwiebel fein schneiden. Knoblauch schälen, quetschen. Rüebli schälen, in Rädchen schneiden. Sellerie in Streifen und Tomaten in Würfel schneiden. Kohl oder Kabis fein hobeln.

3 Speck in Bratbutter knusprig braten. Hitze reduzieren, Bohnen, Zwiebeln und Knoblauch beifügen, kurz dämpfen. Rüebli, Sellerie, Tomaten, Kohl oder Kabis und Kräutersträusschen dazugeben, mischen. 1 l Bouillon dazugiessen. Halb zugedeckt bei kleiner Hitze 50–60 Minuten köcheln.

4 Brot in Würfel schneiden, mit wenig Bouillon benetzen und quellen lassen. Spinat- oder Mangoldblätter je nach Grösse in Streifen schneiden, mit Brot in die Suppe geben. Bei kleiner Hitze 15 Minuten köcheln, ab und zu rühren, bis das Brot die Suppe bindet.

5 Nach Bedarf Bouillon nachgiessen, die Suppe hat eher die Konsistenz von Porridge als die einer dünnflüssigen Suppe. Mit Salz und Pfeffer abschmecken.

6 Anrichten: Die Suppe in Teller verteilen. Mit Bergkäse bestreuen.

Tipp

Die Suppe kann 1 Tag im Voraus zubereitet werden – der Name Ribollita kommt von «ribollire» und heisst aufkochen: Suppe auskühlen lassen, zugedeckt in den Kühlschrank stellen. Zum Servieren unter Rühren kurz erhitzen.

Gazpacho

Spanische Salatsuppe (kalt)

Für 6–8 Portionen

2 mittelgrosse Freilandgurken
1–1,2 kg reife rote Tomaten
1–2 rote Peperoni
1 Bundzwiebel
½ Bund glattblättrige Petersilie
1 kleine Peperoncini oder einige Tropfen Tabasco
50 g Weissbrotscheiben, ohne Rinde
Bratbutter oder Bratcrème
2 dl Tomatensaft
3 EL Rotweinessig
1 TL Honig
3 EL Öl
2 TL Meersalz
1–2 dl Bouillon, kalt
1 Ei, hart gekocht, gehackt
50 g Salzmandeln
6 EL gehackte Kräuter, z. B. Koriander, Basilikum
6 EL gehackte Zwiebeln
100 g Feta, zerkrümelt, oder Jogurt nature

Varianten

... Gelber Gazpacho: gelbe Peperoni und gelbe Tomaten verwenden. Tomatensaft durch Bouillon ersetzen.

... Grüner Gazpacho: Gurken mit grünen Peperoni, 3 Bundzwiebeln, 1 Bund glattblättriger Petersilie, 1 kleinen Eisbergsalat, 50 g gemahlenen Mandeln, 3 dl Bouillon, 1 TL Honig, 1 dl Öl und etwas Salz pürieren.

1 Gurken schälen, längs halbieren, entkernen und klein schneiden. Tomaten kreuzweise einschneiden, kurz in siedendes Wasser tauchen, enthäuten, halbieren, entkernen und in Würfel schneiden. Peperoni halbieren, Samen und weisse Häutchen entfernen, in Würfel schneiden. Zwiebel und Petersilie hacken. Peperoncini halbieren, entkernen. Brot in Bratbutter unter Wenden golden braten, auskühlen lassen.

2 Gurken, Tomaten, Peperoni, Zwiebeln, Petersilie und Peperoncini oder Tabasco pürieren. Brot und Tomatensaft beifügen, mixen. Mit Essig, Honig, Öl und Salz abschmecken. Zugedeckt 2 Stunden kühl stellen.

3 Suppe nach Bedarf mit Bouillon verdünnen, abschmecken.

4 Anrichten: Die Suppe in Gläser oder Bowls verteilen. Ei, Mandeln, Kräuter, Zwiebeln und Feta oder Jogurt in Schälchen geben, dazu servieren – jeder garniert und vervollständigt die Suppe nach Belieben.

Soupe à l'oignon

Gratinierte Zwiebelsuppe aus dem Waadtland

Für 6–8 Portionen

7–8 Zwiebeln
Salz
Butter zum Dämpfen
1 TL Zucker
1 EL Mehl
1,2–1,5 l Fleischbouillon, heiss
4 dl trockener Weisswein oder Apfelwein
Pfeffer
6–8 dicke Scheiben Baguette
Butter zum Bestreichen
300–400 g Gruyère, gerieben

Varianten

... 1 Kräutersträusschen mit 2 Lorbeerblättern, 1 Thymian-, 4 Petersilienzweigen und 4 Wacholderbeeren mitkochen, vor dem Anrichten entfernen.

... Statt Wein: 4 EL trockenen Sherry oder Cognac beifügen.

1 Zwiebeln fein schneiden.

2 Zwiebeln mit Salz in Butter zugedeckt bei kleiner Hitze 20 Minuten dämpfen, ohne Farbe annehmen zu lassen.

3 Zucker darüber streuen. Zwiebeln offen weitere 30 Minuten dämpfen, bis sie sehr weich und goldbraun sind, öfters rühren.

4 Mehl darüber streuen, unter Rühren kurz dämpfen. Mit 5 dl Bouillon ablöschen, unter Rühren aufkochen. Restliche Bouillon und Wein dazugiessen, mit Salz und Pfeffer würzen. Bei kleiner Hitze 30 Minuten köcheln.

5 Brot beidseitig mit Butter bestreichen. Auf ein mit Backpapier belegtes Blech geben. In der Mitte des auf 200 °C vorgeheizten Ofens goldbraun backen, einmal wenden.

6 Anrichten: Die Brotscheiben in ofenfeste, vorgewärmte Bowls verteilen. Die Suppe darüber giessen, dick mit Gruyère bestreuen. Auf ein Blech stellen, im oberen Teil des auf 225 °C vorgeheizten Ofens 10–15 Minuten überbacken. Sofort servieren.

Tipp

Die heissen Bowls auf mit Salz bestreute Teller stellen – das Salz lässt die Luft zirkulieren und die Bowls kühlen schneller ab (Bruchgefahr).

Emmentaler Kartoffelsuppe

Für 4 Portionen

4–6 mittelgrosse, mehlig kochende Kartoffeln, z. B. Agria
1 Suppengemüse-Bund mit Suppensellerie, Rüebli, Zwiebel, Lauch, Seite 132
1 Kräutersträusschen mit Lorbeer, Petersilie, Kerbel
Salz
Butter zum Dämpfen
1 l Bouillon, heiss
wenig frisch geriebene Muskatnuss
½ Bund Kerbel, Blättchen, gehackt
1 dl Vollrahm
wenig Apfelessig
100 g Emmentaler Switzerland

Varianten

Statt Kerbel:
... Majoran, Liebstöckel oder Petersilie verwenden.
... Frisch gehackten Rucola über die angerichtete Suppe streuen.

Dazu passt

Tünkli, Seite 144

1 Kartoffeln schälen, in Würfel schneiden.

2 Kartoffeln mit Suppengemüse, Kräutersträusschen und Salz in Butter kurz dämpfen. Bouillon dazugiessen. Halb zugedeckt bei kleiner Hitze 30–40 Minuten köcheln.

3 Suppengemüse und Kräutersträusschen entfernen, Suppe mit einem grossen Schwingbesen kräftig durchrühren. Mit Salz und Muskatnuss abschmecken. Kerbel mit Rahm verrühren, in die Suppe geben. Bei kleiner Hitze sämig köcheln.

4 Suppe kurz vor dem Servieren mit Essig abschmecken. Emmentaler in dünne Scheiben schneiden.

5 Anrichten: Den Emmentaler in Teller verteilen. Die heisse Suppe darüber giessen.

Tipps

... Rüebli und Sellerie (Suppengemüse) in der Suppe lassen.
... Kartoffelsuppen werden gern «kleistrig», wenn sie gemixt werden. Deshalb lieber mit einem grossen Schwingbesen kräftig durchrühren oder durchs Passe-vite treiben.

Sommer-Minestrone

Tessiner Gemüsesuppe

Für 6–8 Portionen

1 Zwiebel
2 Knoblauchzehen
6–8 kleine Frühkartoffeln
250 g grüne Bohnen
1 kleiner Fenchel
150 g Blumenkohl
2 kleine Zucchini
oder 4 kleine Patissons
150 g Cherrytomaten
Butter zum Dämpfen
100 g grüne Erbsen
oder frische Borlottibohnen
1 Kräutersträusschen
mit Thymian, Lorbeer, Salbei
1,5 l Hühnerbouillon, heiss
50 g Suppenpasta
Salz, Pfeffer
100 g Mozzarelline oder
Mozzarella-Perlen, abgetropft

Minzensalsa:
2 Knoblauchzehen,
durchgepresst
1 Bund glattblättrige Petersilie,
fein gehackt
4 Minzenzweige, Blättchen,
gehackt
50 g geröstete, geschälte
Haselnüsse, gehackt
6–8 EL Öl
Salz, Pfeffer

1 Zwiebel und Knoblauch fein hacken. Kartoffeln (mit Schale) längs halbieren. Grüne Bohnen fädeln, je nach Grösse in Stücke schneiden. Fenchel und Blumenkohl hobeln. Zucchini oder Patissons in Stücke schneiden. Cherrytomaten halbieren.

2 Zwiebeln und Knoblauch in Butter andämpfen. Kartoffeln, grüne Bohnen, Erbsen oder Borlottibohnen und Kräutersträusschen beifügen, dämpfen. Mit 1 l Bouillon ablöschen. Bei kleiner Hitze 15 Minuten köcheln.

3 Fenchel, Blumenkohl, Zucchini oder Patissons und Cherrytomaten dazugeben. Nach Bedarf restliche Bouillon dazugiessen. Pasta beifügen. Bei kleiner Hitze 10–12 Minuten köcheln, abschmecken.

4 Für den Minzensalsa Knoblauch, Kräuter, Nüsse und Öl mit etwas Minestronebouillon mixen, abschmecken.

5 Anrichten: Die Suppe in Teller geben. Mozzarella und je 1 TL Minzensalsa darüber verteilen.

Schoppa da giotta

Bündner Gerstensuppe

Für 4–6 Portionen

500 g Krautstiele mit Blättern
4 kleine Rüebli
100 g Saucenzwiebelchen oder kleine Bundzwiebeln
50 g Specktranchen
Butter zum Dämpfen
100 g Rollgerste
1 Lorbeerblatt
2 Gewürznelken
1 dl Weiss- oder Apfelwein
1 l Bouillon, heiss
1 dl Milch oder Vollrahm
Salz
100 g Bündner Bergkäse oder Gruyère, gerieben
4–6 Scheiben Rohschinken, in Stücke gezupft

Tipp

Krautstiele sind auch randen- und orange-gelbfarben erhältlich. Sie sind zart und feinnussig im Aroma. Die randenfarbigen Krautstiele färben leicht, was der Suppe eine zartrosa Farbe gibt.

Varianten

Statt Rohschinken:

... Je 200 g gekochtes Siedfleisch und Rippli in Würfel schneiden, mit der Milch oder dem Rahm in die Suppe geben.

... Bündner Salsiz in Stücke schneiden, dazu servieren.

1 Krautstiele und 6–8 schöne Blätter separat in schmale Streifen schneiden. Rüebli und Zwiebelchen schälen. Speck in Streifen schneiden.

2 Speck bei mittlerer Hitze knusprig braten. Zwiebelchen mit Butter beifügen, bei kleiner Hitze andämpfen. Gerste dazustreuen, dünsten. Krautstiele (ohne Blätter), Rüebli, Lorbeer und Gewürznelken darunter mischen. Mit Wein ablöschen, einkochen. Bouillon dazugiessen. Halb zugedeckt bei kleiner Hitze 20–30 Minuten köcheln.

3 Milch oder Rahm und Krautstielenblätter beifügen, 10 Minuten köcheln. Mit Salz abschmecken.

4 Lorbeer und Gewürznelken entfernen. Rüebli in dicke Rädchen schneiden, in die Suppe zurückgeben.

5 Anrichten: Die Suppe in Teller verteilen. Mit Käse und Rohschinken bestreuen.

Corn Chowder

Maisrahmsuppe aus Neuengland

Für 4–6 Portionen

2–3 Maiskolben, für ca. 500 g Körner
1 Zwiebel
1 Stängel Stangensellerie
4 Specktranchen
Salz
Butter zum Dämpfen
1–1,2 l Gemüsebouillon, heiss
2 dl Vollrahm
2 EL gehackter Oregano

Gewürzmischung:
je 1/4 TL weisse und schwarze Pfefferkörner
je 1/2 TL Kreuzkümmel- und Koriandersamen
je 1/2 TL Cayennepfeffer und Rosenpaprika
1/2 TL Kräutersalz

Dazu passt

... Crostini, Seite 144
... Grüner Salat

1 Für die Gewürzmischung die ganzen Gewürze (Körner und Samen) im Mörser oder Cutter fein mahlen. Cayennepfeffer, Paprika und Kräutersalz beifügen. Zugedeckt beiseite stellen.

2 Maiskolben halbieren, Körner mit einem Messer dicht am Kolben entlang abschneiden. Zwiebel hacken. Sellerie und Speck fein schneiden.

3 Zwiebeln mit Salz in Butter andämpfen. Sellerie beifügen, dämpfen. Speck dazugeben und leicht braten, bis er knusprig wird. Maiskörner und 1 EL Gewürzmischung beifügen, mischen. Mit 1 l Bouillon ablöschen. Bei kleiner Hitze 30–40 Minuten köcheln, wenn nötig Bouillon nachgiessen.

4 Rahm dazugeben und köcheln, bis die Suppe cremig wird.

5 Anrichten: Die Suppe in Teller verteilen. Mit Oregano und wenig Gewürzmischung bestreuen.

Caldo Verde

Portugiesische Kohlsuppe

Für 4–6 Portionen

350–450 g Federkohl
450 g mehlig kochende Kartoffeln, z. B. Christa, Agria
1 grosse, weisse Zwiebel
2 Knoblauchzehen
2 Chorizos oder 1 Lauchwurst
Butter zum Dämpfen
1–1,2 l Gemüse- oder Fleischbouillon, heiss
Salz
40 g Butter
1 TL Kümmel
Pfeffer aus der Mühle

1 Kohl in Streifen schneiden. Kartoffeln schälen, in Würfel schneiden. Zwiebel und Knoblauch fein hacken. Chorizos in Rädchen schneiden (Lauchwurst ganz beifügen).

2 Zwiebeln und Knoblauch in Butter 10 Minuten dämpfen. Bouillon dazugiessen, bei kleiner Hitze 5 Minuten köcheln.

3 Kartoffeln und Wurst beifügen. Zugedeckt bei kleiner Hitze 15–20 Minuten köcheln, bis die Kartoffeln weich sind.

4 Kartoffeln nach Belieben mit dem Kartoffelstampfer oder einem grossen Schwingbesen fein zerdrücken. Suppe aufkochen, Kohl dazugeben und 8–10 Minuten köcheln. Mit Salz abschmecken. (Lauchwurst in Scheiben schneiden, in die Suppe zurückgeben.)

5 Butter schmelzen lassen. Kümmel beifügen, einmal aufschäumen lassen.

6 Anrichten: Die Suppe in Teller oder Bowls verteilen. Die Kümmelbutter darüber träufeln. Reichlich Pfeffer darüber mahlen.

Basler Mehlsuppe

Für 6–8 Portionen
100 g Butter
125 g Weissmehl, Dunst oder Knöpflimehl
2 l Fleisch- oder Gemüsebouillon, heiss
Salz
frisch geriebene Muskatnuss oder gemahlener Kümmel
4 EL kräftiger Rotwein, nach Belieben
1 dl Milch
50 g Gruyère, gerieben

Varianten

... Die Suppe zusätzlich mit wenig gemahlenem Majoran abschmecken.

... Mit Garnitur: Die angerichtete Suppe mit gehackter Petersilie und Schnittlauchröllchen bestreuen. Oder Zwiebelringe in Mehl wenden, in Bratbutter oder Bratcrème unter Wenden goldgelb braten und darüber streuen.

Dazu passt

Croûtons, Seite 144

1 Butter schmelzen lassen. Pfanne von der Platte nehmen, Mehl oder Dunst beifügen und mischen. Pfanne auf die Platte zurückstellen, Mehl oder Dunst bei kleiner Hitze unter ständigem Rühren 20–30 Minuten caramelbraun rösten.

2 Mit 5 dl Bouillon ablöschen, unter Rühren aufkochen. 1 l Bouillon dazugiessen, leicht salzen. Bei kleiner Hitze 1 Stunde köcheln, wenn nötig restliche Bouillon beifügen, ab und zu rühren.

3 Suppe mit Salz, Muskatnuss oder Kümmel und Wein abschmecken. Nach Belieben durch ein Sieb passieren, nochmals aufkochen.

4 Anrichten: Milch und Gruyère in einer Suppenschüssel verrühren. Die kochend heisse Suppe unter Rühren hineingiessen.

Tipp

Sorgfältiges Rösten und langes Kochen sind für eine ausgezeichnete Mehlsuppe unumgänglich. Die Suppe wird bitter, wenn das Mehl bzw. der Dunst ungleichmässig geröstet wird. Zu kurz geröstet, fehlt das intensive Röstaroma und die Suppe wird unansehnlich grau.

Zuppa Pavese

Bouillon mit Ei und Käse aus Pavia/Norditalien

Für 4 Portionen

4 Scheiben Weissbrot
Bratbutter oder Bratcrème
8 dl kräftige Fleischbouillon
4 Eier
100 g Gruyère und Sbrinz gemischt, gerieben
1 EL gehackte Petersilie

Varianten

... Statt Fleischbouillon: Tomaten-Consommé, Seite 128, verwenden.

... Mit Tomate: 1–2 Tomaten enthäuten, entkernen, in Würfel schneiden und mit der Bouillon erhitzen.

1 Brotscheiben in Bratbutter unter Wenden goldbraun rösten. Auf Haushaltpapier abtropfen lassen. In 4 ofenfeste, vorgewärmte Teller verteilen.

2 Bouillon aufkochen.

3 Eier einzeln in eine Tasse aufschlagen, auf das Brot gleiten lassen.

4 Anrichten: Die siedend heisse Bouillon sorgfältig in die Teller giessen, mit Käse bestreuen. Auf ein Blech stellen, im oberen Teil des auf 225 °C vorgeheizten Ofens überbacken, bis der Käse geschmolzen und das Ei gestockt ist. Mit Petersilie bestreuen. Sofort servieren.

Borschtsch

Russisch-ukrainische Randensuppe

Für 6–8 Portionen

4–6 mittelgrosse, rohe Randen
Bratbutter oder Bratcrème
Salz
4 fest kochende Kartoffeln, z. B. Charlotte
2 reife Tomaten
1 Zwiebel
4 Knoblauchzehen
2 Rüebli
1 grüne Peperoni
1/4 Weisskabis
2 l Fleischbouillon
Butter zum Dämpfen
1–2 EL Zitronensaft oder Apfelessig
4–8 Pflaumen, halbiert, entsteint
2 EL Tomatenpüree
1 Prise Zucker
Pfeffer
2–3 EL gehackte Petersilie
2–3 EL gehackter Dill
200 g Crème fraîche

Varianten

... Schneller: bereits gekochte Randen kaufen.

... Pflaumen oder Tomaten und Peperoni weglassen.

... Mit Fleisch: Gekochtes Siedfleisch und/oder gekochten Schinken in Streifen oder Würfel schneiden, kurz in der Suppe erhitzen.

1 Von den Randen Blätter und Wurzelende wegschneiden. Knollen mit Bratbutter bestreichen, salzen. In Alufolie wickeln, auf ein Blech legen. In der Mitte des auf 175 °C vorgeheizten Ofens 60–80 Minuten weich schmoren. In der Folie auskühlen lassen.

2 Kartoffeln schälen, in Würfel schneiden. Tomaten enthäuten, in Würfel schneiden. Zwiebel und Knoblauch fein hacken. Rüebli schälen, in Streifen schneiden. Peperoni in Streifen schneiden. Kabis fein hobeln.

3 Bouillon aufkochen. Kartoffeln und Tomaten beifügen, bei kleiner Hitze 15 Minuten köcheln.

4 Zwiebeln und Knoblauch in Butter dämpfen. Rüebli, Peperoni und Kabis beifügen, bei kleiner Hitze 10 Minuten dämpfen. Randen schälen, in Würfel schneiden.

5 Gedämpftes Gemüse, Randen, Zitronensaft oder Essig, Pflaumen und Tomatenpüree zur Bouillon geben. Mit Zucker, Salz und Pfeffer abschmecken. Bei kleiner Hitze 10 Minuten köcheln.

6 Anrichten: Die Suppe in Teller verteilen. Mit Petersilie und Dill bestreuen. Crème fraîche dazu servieren.

Vichyssoise

Französische Lauchcrèmesuppe

Für 4 Portionen

- 4 dicke Lauchstängel, nur heller Teil
- 3–4 mehlig kochende Kartoffeln, z. B. Christa, Agria
- Salz
- Butter zum Dämpfen
- 7 dl Hühnerbouillon, heiss
- 1 dl Milch
- 2 Lorbeerblätter
- 1,5–2 dl Vollrahm oder Doppelrahm
- weisser Pfeffer
- Muskatnuss
- 1/2 Bund Schnittlauch, geschnitten

Varianten

... Statt Lauch: Gemüse- oder Bundzwiebeln verwenden.

... Statt Kartoffeln: Süsskartoffeln oder süsslich-mehliger Kürbis, z. B. Marina di Chioggia, verwenden.

... Die Suppe kalt servieren: mit Korianderblättchen, gehackten Bundzwiebeln und Zitronenschnitz garnieren.

1 Lauch in Ringe schneiden. Kartoffeln schälen, in Würfel schneiden.

2 Lauch mit Salz in Butter bei kleiner Hitze 20 Minuten dämpfen.

3 Kartoffeln, Bouillon, Milch und Lorbeer beifügen, zugedeckt 30 Minuten köcheln.

4 Lorbeer entfernen, Suppe pürieren. Rahm oder Doppelrahm dazugeben, mit Salz, Pfeffer und Muskatnuss abschmecken.

5 Anrichten: Die Suppe in Teller verteilen. Mit Schnittlauch bestreuen.

Suppen Know-how

Die beste Suppenbasis sind frische Zutaten. Das passende Rezept. Und die Freude am Kochen. Ab und zu brauchts aber noch das gewisse Etwas: Grossmutters Flädli in der Bouillon, eine Jogurtkugel für die Ausgewogenheit, inspirierende Ideen zum Anrichten oder Ausprobieren, ein saisonales Ersatzgemüse für die Lieblingssuppe, den kleinen Trick oder guten Tipp. Usw. …

Suppen Know-how

Gemüsebouillon

Für 2 Liter

2 kleine Zwiebeln, geschält
4 Rüebli, geschält
1 Suppensellerie mit Kraut
4 Lauchstängel, nur heller Teil
1 Fenchel oder Kohlrabi mit Blättern
Butter zum Dämpfen
4 Knoblauchzehen, geschält
2–3 Petersilienzweige
2–3 Thymianzweige
2,5 l kaltes Wasser
4 Lorbeerblätter
2 EL Pfefferkörner
1 TL Salz
1 Zitrone, Saft

1 Gemüse je nach Grösse halbieren oder vierteln.

2 Zwiebeln in Butter glasig dämpfen. Rüebli, Sellerie, Lauch und Fenchel oder Kohlrabi beifügen, unter Wenden dämpfen, bis das Gemüse leicht Farbe annimmt. Knoblauch und Kräuterzweige dazugeben. Wasser, Lorbeer, Pfeffer und Salz beifügen.

3 Halb zugedeckt bei kleiner Hitze 1 Stunde ziehen lassen.

4 Die Bouillon durch ein Sieb passieren, mit Zitronensaft abschmecken.

Aufbewahren

... Im Kühlschrank: 7 Tage. Bouillon in gut verschliessbare Flaschen oder Gefässe abfüllen.
... Im Tiefkühler: 6 Monate. Bouillon portionenweise in Tiefkühlbeutel/-gefässe abfüllen.

Varianten

... Saisonal: Gemüse je nach Jahreszeit variieren, z. B. Tomaten, Lattich, Kabis oder Wirz usw.
... Sämiger: 200 g Weizen oder braunen Reis mit dem Knoblauch und den Kräuterzweigen dazugeben.
... Schneller: Gemüse ohne zu dämpfen mit Knoblauch, Kräuterzweigen, Lorbeer, Pfeffer und Wasser kalt aufsetzen und aufkochen, salzen. Weiter nach Rezept, Schritt 3.

Hühnerbouillon

Für 2 Liter

1 kg Hühnerkarkassen und -abattis (Geflügelabschnitte)
200 g Hühnerflügel
2,5 l kaltes Wasser
1 TL Salz
200 g helles Gemüse, z. B. Lauch, Sellerie, Zwiebel, Herbstrübe, Rettich, Petersilienwurzel, in Stücke geschnitten
1 Gewürzbeutelchen mit Pfefferkörnern, Gewürznelken, Thymian oder Rosmarin, Lorbeer

1 Hühnerkarkassen, -abattis und -flügel kurz blanchieren, herausnehmen und kalt abspülen. In einer grossen Pfanne mit Wasser aufkochen, salzen. Offen bei kleiner Hitze 1 Stunde ziehen lassen, entstehenden Schaum mit einem Löffel mehrmals abschöpfen.

2 Gemüse und Gewürzbeutelchen beifügen. Halb zugedeckt bei kleiner Hitze 1 Stunde ziehen lassen.

3 Die Bouillon auskühlen lassen, durch ein Sieb passieren. Zum Entfetten zugedeckt mind. 4 Stunden oder über Nacht in den Kühlschrank stellen, dann Fettschicht entfernen.

Varianten

... Feiner: Für feinen Geschmack und goldgelbe Farbe einige Safranfäden mitkochen.

... Unkomplizierter: 1 Suppenhuhn oder 1 kg Hühnerflügel waschen. Mit 10 weissen Pfefferkörnern, brauner Schale von 3 Zwiebeln und 2,5 l kaltem Wasser aufkochen, salzen. Halb zugedeckt 2 Stunden ziehen lassen. Weiter nach Rezept, Schritt 3.

... Konzentrierter: Bouillon nach dem Entfetten zur Hälfte einkochen, auskühlen lassen.

Aufbewahren

... Im Kühlschrank: 4 Tage. Bouillon in gut verschliessbare Flaschen oder Gefässe abfüllen.

... Im Tiefkühler: 3 Monate. Bouillon portionenweise in Tiefkühlbeutel/-gefässe abfüllen.

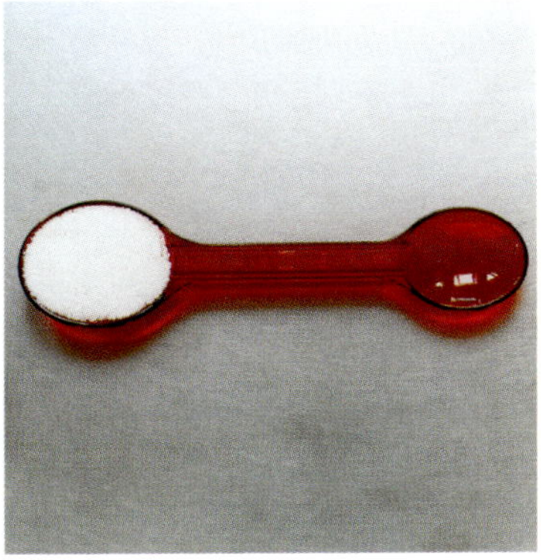

8 CUPS — 2 QTS.

250 Gr
200
250

2000 ML — 2 LITRES
1500 — 11/2

Fleischbouillon

Für 2 Liter

500 g Kalbsfüsschen und -knochen, zerkleinert
1 kg durchwachsenes Siedfleisch, z. B. Brustkern
250 g helles Gemüse, z. B. Lauch, Sellerie, Zwiebel, Herbstrübe, Rettich, Petersilienwurzel, in Stücke geschnitten
1 Hand voll Petersilienstängel
1 EL Tomatenpüree
2,5 l kaltes Wasser
1 Gewürzbeutelchen mit Pfefferkörnern, Gewürznelken, Thymian oder Rosmarin, Lorbeer
1 TL Salz

1 Kalbsfüsschen und -knochen kurz blanchieren, herausnehmen und kalt abspülen. Mit Siedfleisch, Gemüse, Petersilienstängel, Tomatenpüree und Wasser aufkochen. Offen bei kleiner Hitze 1 Stunde ziehen lassen, entstehenden Schaum mit einem Löffel mehrmals abschöpfen.

2 Gewürzbeutelchen und Salz beifügen. Halb zugedeckt weitere 1–2 Stunden ziehen lassen.

3 Die Bouillon auskühlen lassen, durch ein Sieb passieren. Zum Entfetten zugedeckt mind. 4 Stunden oder über Nacht in den Kühlschrank stellen, dann Fettschicht entfernen.

Aufbewahren

... Im Kühlschrank: 4 Tage. Bouillon in gut verschliessbare Flaschen oder Gefässe abfüllen.

... Im Tiefkühler: 3 Monate. Bouillon portionenweise in Tiefkühlbeutel/-gefässe abfüllen.

Mais-Consommé

Basis für pürierte Gemüsesuppen, Suppen mit Biss und Geflügelsuppen oder pur.

Für 1 Liter

6–8 frische Maiskolben, für ca. 1 kg Körner
4 weisse Pfefferkörner
2 Petersilienzweige
2 Thymianzweige
1 Lorbeerblatt
2 l kaltes Wasser
1/4 TL Salz

1 Maiskolben halbieren, Körner mit einem Messer dicht am Kolben entlang abschneiden.

2 Maiskörner mit Pfeffer, Kräuterzweigen, Lorbeer und Wasser aufkochen. Halb zugedeckt bei kleiner Hitze 1 1/2 Stunden ziehen lassen.

3 Die Consommé durch ein Sieb passieren (Maiskörner im Sieb gut auspressen), salzen und auskühlen lassen.

Aufbewahren

... Im Kühlschrank: 4 Tage. Consommé in gut verschliessbare Flaschen oder Gefässe abfüllen.

... Im Tiefkühler: 3 Monate. Consommé portionenweise in Tiefkühlbeutel/-gefässe abfüllen.

Tomaten-Consommé

Basis für Sommergemüsesuppen und Bouillonsuppen, z. B. Zuppa Pavese, oder pur.

Für 1 Liter

1 kg reife Fleischtomaten, rot oder farbig gemischt
1 Kräutersträusschen mit Petersilie, Basilikum, Thymian, wenig Zitronen- oder Orangenschale, Lorbeer
4 Nelkenpfeffer- oder Pfefferkörner
1/2 TL Honig
1,5 l kaltes Wasser
1/4 TL Salz

1 Tomaten je nach Grösse waagrecht halbieren. Mit Kräutersträusschen, Pfeffer, Honig und Wasser aufkochen. Halb zugedeckt bei kleiner Hitze 1 1/2 Stunden köcheln.

2 Die Consommé auskühlen lassen, durch ein Sieb passieren (Tomaten im Sieb nur leicht ausdrücken) und salzen.

Aufbewahren

... Im Kühlschrank: 7 Tage. Consommé in gut verschliessbare Flaschen oder Gefässe abfüllen.

... Im Tiefkühler: 6 Monate. Consommé portionenweise in Tiefkühlbeutel/-gefässe abfüllen.

300cc

Pilz-Consommé

Basis für Kartoffelsuppen oder pur, z. B. mit Blätterteighaube.

Für 1 Liter

500 g weisse und braune Champignons gemischt
2 Schalotten, fein gehackt
1 Prise Salz
Butter zum Dämpfen
1 Thymian- oder Estragonzweig
1–2 TL Fenchelsamen, grob zerstossen
1,5 l kaltes Wasser

Variante

Aromatischer: 2–3 getrocknete Steinpilze in wenig Wasser einweichen, mitkochen.

1 Champignons mit einem Pinsel säubern, frisch anschneiden. Im Cutter oder mit dem Wiegemesser fein hacken.

2 Schalotten mit Salz in Butter bei kleiner Hitze glasig dämpfen. Kräuterzweig, Fenchelsamen und Champignons beifügen, bei mittlerer Hitze 10 Minuten dämpfen. Wasser dazugiessen. Halb zugedeckt bei kleiner Hitze 1 Stunde köcheln.

3 Die Consommé auskühlen lassen, durch ein Sieb passieren.

Aufbewahren

... Im Kühlschrank: 7 Tage. Consommé in gut verschliessbare Flaschen oder Gefässe abfüllen.

... Im Tiefkühler: 6 Monate. Consommé portionenweise in Tiefkühlbeutel/-gefässe abfüllen.

Fleisch-Consommé (Beef-Tea)

Die konzentrierteste Bouillon, schmeckt am besten pur und frisch zubereitet.

Für 3–4 dl

1 kg Siedfleisch, z. B. Unterspälte
Salz

1 Fleisch in kleine Würfel schneiden. In 1–2 gut gereinigte Einmachgläser (insgesamt 1,5 l Inhalt) geben, gut verschliessen. Im warmen Wasserbad auf dem Herd, Gläser so hoch wie möglich im Wasser stehend, 2–3 Stunden ziehen lassen.

2 Den ausgetretenen Fleischsaft durch ein Sieb passieren, salzen. Fleisch wird nicht weiterverwendet.

3 Anrichten: Die Consommé sofort in Teetassen verteilen.

Aufbewahren

Im Kühlschrank: 1–2 Tage. Consommé in ein gut verschliessbares Gefäss abfüllen.

Bouillon- und Suppenwürze

Klassische Gemüse- und Kräutermischungen zum Mitkochen.

Zwiebelschalen

Für Bouillons, macht sie klar und färbt goldbraun.
1–2 Hand voll braune Zwiebelschalen beifügen.

Geröstete Zwiebel

Für Bouillons, färbt und gibt guten Röstgeschmack.
1 Zwiebel mit Schale waagrecht halbieren. Schnittflächen direkt an offener Flamme, auf der heissen Herdplatte oder in einer erhitzten Pfanne dunkel rösten.

Besteckte Zwiebel

Für Bouillons und Suppen mit längerer Kochzeit.
½ Zwiebel (senkrecht halbiert), mit oder ohne Schale, mit 1 Lorbeerblatt und 2 Gewürznelken bestecken. Nach Belieben 4–6 Pfefferkörner zwischen die Zwiebelschichten drücken.

Suppengemüse

Für Suppen mit längerer Kochzeit.
1 Lauchstängel, nur heller Teil, 1 Schnitz (ca. ¼) geschälter Knollensellerie, 1 geschältes, halbiertes Rüebli, 1 Schnitz (ca. ¼–⅛) Wirz, ½ Zwiebel mit oder ohne Schale und einige Petersilienstängel mit Küchenschnur zusammenbinden.

Variante: Für würzige Bouillons und Suppen können auch Gemüseabschnitte (Spargel, Fenchel usw.) oder äussere kräftige Gemüseblätter (Wirz, Kabis, Lattich) verwendet werden.

Petersilienstängel

Für Bouillons, feine Kräuter- und Gemüsesuppen.
Stängel von glattblättriger und krauser Petersilie sind sehr aromatisch. Die vom Kochen oder Garnieren übrig bleibenden abgezupften Petersilienstängel bundweise mit Küchenschnur zusammenbinden.

Aufbewahren: Im Kühlschrank 1 Woche haltbar oder tiefkühlen.

Kräutersträusschen (Bouquet garni)

Für Bouillons und Suppen mit längerer Kochzeit.
2–3 frische oder 1 getrocknetes Lorbeerblatt, 1–2 frische oder getrocknete Thymianzweige, 3 Petersilienzweige oder -stängel und nach Belieben 1 Stück Orangen- oder Zitronenschale mit Küchenschnur zu einem Sträusschen binden.

Varianten: Statt Thymian Fenchelkraut verwenden oder das Bouquet garni auf ein kleines Stück Lauch, Stangensellerie oder ein Lorbeerblatt binden.

Gewürzbeutelchen (Bouquet garni mit getrockneten Kräutern)

Für Bouillons und Suppen mit längerer Kochzeit.
Je 1 TL Basilikum, Majoran, Thymian, Bohnenkraut und 1 zerkrümeltes Lorbeerblatt auf ein kleines Stück feines Baumwolltuch geben, mit Küchenschnur zu einem Beutelchen zusammenbinden. Oder Kräuter in ein Gewürz-Ei aus Metall füllen.

Variante: 3–4 Pfefferkörner und/oder 1 gequetschte Knoblauchzehe dazugeben.

Kräuter

Kräuter sind Garnitur und Würze zugleich.

Tipp: Erst kurz vor dem Anrichten schneiden/hacken, sonst geht ein Teil des Aromas verloren und gewisse Kräuter, z. B. Basilikum, verfärben sich dunkel.

Kräuter ganz oder zerkleinert
Kräuterzweiglein oder -blättchen direkt über die angerichtete Bouillon oder Suppe zupfen oder mit einer Schere darüber schneiden.

Chiffonnade
Sauerampfer, Bärlauch, grosse Petersilienblätter: Mehrere Blätter aufeinander legen, satt aufrollen und mit einem scharfen Messer in feinste Streifen schneiden. Über die angerichtete Bouillon oder Suppe streuen.

Knusperkräuter
Kräuterblättchen, z. B. Salbei, Petersilie, Basilikum, waschen und gut trocknen. In heissem Öl knusprig frittieren, auf Haushaltpapier abtropfen lassen. Über die angerichtete Suppe streuen.

Kräuterpaste
4 EL gehackte frische Kräuter, passend zur Suppe (z. B. Majoran zu Kartoffel, Minze zu Broccoli, Estragon zu Rande, Koriander zu Rüebli), mit etwas Salz und 8 EL flüssiger Butter oder Öl mixen, bis eine dickflüssige Paste entsteht. Über die angerichtete Suppe träufeln.

Kräuter-Eiswürfel
... Für kalte Suppen: 3 dl Wasser mit 6–8 Kräuterzweigen aufkochen und 2 Minuten ziehen lassen, leicht salzen. Von der Platte nehmen, auskühlen lassen. Flüssigkeit ohne Kräuter in einen Eiswürfelbehälter verteilen, tiefkühlen.
... Zum Würzen von Bouillons und Suppen: Gehackte Kräuter 3/4 hoch in die Vertiefungen des Eiswürfelbehälters geben. Mit kalter Bouillon oder Wasser aufgiessen, tiefkühlen.

22

Gemüse

Brunoise

Wurzelgemüse, z. B. Rüebli, Pastinake, Sellerie usw., schälen. Zuerst längs in 1–2 mm dicke Scheiben, dann in 1–2 mm breite Streifen und quer in feinste Würfelchen schneiden. Roh verwenden (für Biss) oder mit 1 Prise Salz kurz in Butter dämpfen. Über die angerichtete Bouillon oder Suppe streuen.

Julienne

Wurzelgemüse schälen. Zuerst längs in 1–2 mm dicke Scheiben, dann in feinste Streifen schneiden. Oder eine Mandoline mit Julienne-Einsatz benutzen. Kürzere Streifen gibts, wenn das Gemüse geraffelt wird. Über die angerichtete Bouillon oder Suppe streuen.

Chiffonnade

1–3 Blätter von Gemüse (Rande, Kohlrabi, Krautstiele, Wirz, Kabis, Spinat, Schnittmangold) aufeinander legen, satt aufrollen und quer in feinste Streifen schneiden. Über die angerichtete Bouillon oder Suppe streuen.

Perlen

Aus Wurzelgemüse oder Freilandgurke, Melone usw. mit dem kleinsten Kugelausstecher (Pariserlöffeli) Kugeln ausstechen. Harte Gemüseperlen kurz in Salzwasser blanchieren, die anderen roh verwenden. In die angerichtete Bouillon oder Suppe geben.

Chips

Wurzelgemüse oder Kartoffeln schälen. In 1–2 mm dicke Scheiben hobeln, mit Haushaltpapier trockentupfen. In heissem Öl knusprig frittieren, gut abtropfen lassen. Über die angerichtete Suppe streuen.

Eier

Für 4–6 Portionen

Eierstich

Für Bouillons und einfache pürierte Gemüsesuppen, z. B. Tomatensuppe.

1 ofenfestes Förmchen oder 1 Tasse von 2 dl Inhalt ausbuttern. 1 Ei und 1 Eigelb mit 3/4 dl Milch, 1/4 TL Salz und wenig weissem Pfeffer verquirlen. In das Förmchen oder die Tasse giessen. Zugedeckt im warmen Wasserbad 40 Minuten fest werden lassen. In kaltes Wasser stellen, auskühlen lassen. Eierstich stürzen, in Würfel schneiden.

... Grüner Eierstich: 2 EL fein gehackte Petersilie und Schnittlauch oder Spinat zur Eiermilch geben.

... Roter Eierstich: 2 TL Tomatenpüree beifügen.

Flädli

Für Bouillons.

1 dl Milch, 1 Ei, 1/4 TL Salz und 50 g Mehl zu einem glatten Teig verrühren. 2–3 dünne Omeletten in Bratbutter oder Bratcrème ausbacken. Aufrollen, in feine Streifen schneiden.

... Käseflädli: 2 EL geriebenen Gruyère unter den Teig rühren.

... Kräuterflädli: 2–3 EL fein gehackte Kräuter beifügen.

... Schinkenflädli: 2 EL fein gehackten Schinken beifügen.

Traufen

Für Bouillons.

1 Ei mit 1 EL Milch, 2 TL flüssiger Butter, 1/4 TL Salz und 30 g Mehl zu einem glatten Teig verrühren. Teig durch eine groblöcherige Schaumkelle in heisses Öl tropfen lassen, unter Schütteln der Pfanne goldgelb ausbacken. Auf Haushaltpapier abtropfen lassen.

... Knöpfli: Teig durch eine Schaumkelle oder das Knöpflisieb direkt in die heisse Bouillon tropfen lassen. 1–2 Minuten ziehen lassen.

Milch und Milchprodukte

Milchschaum

Für pürierte Suppen.

Vollmilch mit wenig Salz, Lorbeer oder anderem passenden Gewürz aufkochen. Mit dem Schwingbesen oder einem kleinen Cappuccino-Schaumschläger dickschaumig aufschlagen. Schaum mit einem Löffel auf die angerichtete Suppe geben.

Würzrahm

Rahm flaumig oder steif schlagen, nach Belieben mit gehackten Kräutern oder Gewürzen abschmecken und färben (z. B. mit Curry, Safran). Auf die angerichtete Bouillon oder Suppe geben.

Variante: Flaumig geschlagenen Rahm mit geriebenem Käse mischen, mit Pfeffer oder Paprika abschmecken. Über die angerichtete Suppe verteilen. Auf ein Blech stellen, im oberen Teil des auf 225 °C vorgeheizten Ofens kurz golden überbacken.

Doppelrahm

Für kräftigfarbene pürierte Suppen.

Doppelrahm mit einem Holzspiesschen tropfenweise über die angerichtete Suppe verteilen und verziehen.

Crème fraîche (Sauerrahm)

Für Linsen-, Getreide- und pürierte Gemüsesuppen.

1 Klacks Crème fraîche über die angerichtete Suppe verteilen, nur teilweise darunter ziehen.

Variante: 100 g Crème fraîche mit 2 EL fein gehackten gemischten Kräutern und 2 TL Apfelessig mischen. Bis zur Verwendung zugedeckt kühl stellen.

Doppelrahmfrischkäse

Für Linsen-, Getreide- und pürierte Gemüsesuppen.

Aus Doppelrahmfrischkäse mit dem Kugelausstecher kleine Kugeln oder mit zwei Teelöffeln Klösschen formen, in die Teller geben. Die heisse Suppe darüber giessen.

Jogurtkugeln

Für kalte Suppen und pürierte Gemüsesuppen.

Stichfesten Jogurt nature in ein mit einem Mulltuch ausgelegtes Sieb geben. Zugedeckt im Kühlschrank über Nacht abtropfen lassen. Mit zwei Teelöffeln oder dem kleinsten Glacelöffel kleine Kugeln formen, auf die angerichtete Suppe geben.

Hart- und Halbhartkäse

Gruyère, Emmentaler Switzerland, Sbrinz, Raclette- oder Bergkäse ist Garnitur und Würze zugleich. Fein gehobelt, grob oder fein gerieben oder klein gewürfelt über die angerichtete Bouillon oder Suppe streuen oder separat dazu servieren.

Variante: Pürierte Suppen mit fein gehobeltem oder geriebenem Käse bestreuen. Auf ein Blech stellen, im oberen Teil des auf 225 °C vorgeheizten Ofens kurz überbacken, bis der Käse geschmolzen ist.

Kartoffeln und Getreide

Für 4–6 Portionen

Kartoffelrahm
50–100 g zerdrückte Gschwellti oder Kartoffelstock mit 1 dl flaumig geschlagenem Rahm mischen. Portionenweise auf die angerichtete Suppe geben.

Kartoffelgnocchi
250 g zerdrückte Gschwellti (mehlig kochende Sorte) mit 1 Eigelb, 1 EL Doppelrahm, 30 g geriebenem Sbrinz und 60 g Knöpflimehl zu einem Teig zusammenfügen. Zugedeckt 1 Stunde kühl stellen. Teig vierteln, zu 1 cm dicken Rollen formen und in nussgrosse Portionen schneiden. In der leicht köchelnden Bouillon oder Suppe ziehen lassen, bis sie an die Oberfläche steigen.

Griessklösschen
1,5 dl Milch mit 1 EL Butter und 1/4 TL Salz aufkochen. 50 g Hartweizengriess unter Rühren einrieseln lassen und unter kräftigem Rühren köcheln, bis die Masse sich vom Pfannenboden löst. Von der Platte nehmen, 1 Ei darunter mischen. Mit zwei in heisses Wasser getauchten Teelöffeln Klösschen formen, in leicht kochendes Salzwasser gleiten lassen. 5–7 Minuten ziehen lassen, bis sie sich drehen. In die angerichtete Bouillon oder Suppe geben.

Variante: Klösschenmasse in einen Spritzsack mit glatter Tülle füllen. 1 cm lange Portionen mit einem befeuchteten Messer oder einer Schere direkt in die heisse Suppe schneiden, ziehen lassen.

Pizza Rustica
40 g weiche Butter mit 1/4 TL Salz rühren, bis sich Spitzchen bilden, 2 Eigelb darunter mischen. 90 g Dunst, Pastamehl oder Halbweissmehl mit 1 Msp. Backpulver und 2 EL geriebenem Sbrinz mischen. 2 Eiweiss steif schlagen. Mehlgemisch und Eischnee lagenweise auf die Schaummasse geben, locker darunter heben. Masse auf einem mit Backpapier belegten Blech 1 cm dick ausstreichen. In der Mitte des auf 180 °C vorgeheizten Ofens 15–20 Minuten backen. Auskühlen lassen, in Rauten schneiden. Zur Bouillon oder Suppe servieren.

Brot

Croûtons und Pain-perdu-Würfel über die angerichtete Bouillon oder Suppe streuen oder separat dazu servieren. Tünkli und Crostini dazu anrichten.

Für 4–6 Portionen

Nature-Croûtons

2 EL Butter mit 2 EL Bratbutter oder Bratcrème, wenig Salz und frisch geriebener Muskatnuss oder schwarzem Pfeffer erwärmen. 2 Tassen Brotwürfel beifügen, bei kleiner Hitze unter Wenden goldbraun braten.

Tipp: Grössere Mengen Croûtons im Ofen backen, siehe Kräuter-Croûtons.

Kräuter-Croûtons

Je 1 EL gehackten Knoblauch und gemischte Kräuter in 4 EL Bratbutter oder Bratcrème dämpfen, bis es gut riecht. 2 Tassen Brotwürfel dazumischen, mit Salz und Pfeffer würzen. Auf einem mit Backpapier belegten Blech verteilen. In der Mitte des auf 175 °C vorgeheizten Ofens 10–15 Minuten golden backen, ein- bis zweimal wenden.

Gewürz-Croûtons

Je 1 EL Fenchel- und Kreuzkümmelsamen trocken rösten, auskühlen lassen. Samen grob zerstossen, mit 1/4 TL Salz und wenig Cayennepfeffer würzen. 8 Baguette-Scheiben beidseitig mit flüssiger Butter bestreichen und Oberseite mit Gewürzmischung bestreuen, in Würfel schneiden. Backen, siehe Kräuter-Croûtons.

Käse-Croûtons

2 Tassen Brotwürfel mit flüssiger Bratbutter oder Bratcrème mischen, mit Pfeffer würzen. Backen, siehe Kräuter-Croûtons. Nach 5 Minuten Backzeit 2–3 EL geriebenen Käse darüber streuen, fertigbacken.

Pain-perdu-Würfel

2 Eier mit Salz und 3 EL Milch verquirlen. Über 2 Tassen Brotwürfel ohne Rinde, ca. 80 g, giessen. Zugedeckt 30 Minuten ziehen lassen. In Bratbutter oder Bratcrème unter Wenden goldbraun braten.

Tünkli

1–2 Tage altes Brot, z. B. Baguette, Halbweissbrot, St. Galler Brot, in dünne Scheiben schneiden. Auf ein mit Backpapier belegtes Blech geben. In der Mitte des auf 150 °C vorgeheizten Ofens trocknen lassen.

Crostini

4 zerquetschte Knoblauchzehen in Bratbutter oder Bratcrème goldbraun dämpfen. 8 Baguette-Scheiben beifügen, unter Wenden golden braten.

Variante: Statt Knoblauch Peperoncini oder Rosmarin verwenden.

Käse-Crostini

60 g geriebenen Käse, z. B. Raclettekäse, Vacherin Fribourgeois, Fondue-Mischung, mit 25 g Doppelrahmfrischkäse und 1 kleinen Eigelb verrühren, mit Pfeffer würzen. Auf 8 Baquette-Scheiben streichen. Auf ein mit Backpapier belegtes Blech geben. Im oberen Teil des auf 225 °C vorgeheizten Ofens 2–3 Minuten überbacken.

Pasta

Für Bouillons und minestroneähnliche Suppen.

Tipp: Pastaeinlagen separat in Salzwasser kochen und in die angerichtete Bouillon oder Suppe geben. Oder direkt in der heissen Bouillon ziehen lassen, sie wird dadurch allerdings trüb.

Für 4–6 Portionen

Suppenpasta

Ca. 100 g Buchstaben, Sternchen, Ribeli usw. in Salzwasser nach Anleitung auf der Packung knapp al dente kochen. Abgiessen, kalt abspülen.

Ravioli

Für den Pastateig 100 g Knöpflimehl mit 1 verquirlten Ei und 1/2 EL flüssiger Butter zu einem geschmeidigen Teig kneten. Zugedeckt bei Raumtemperatur 1 Stunde ruhen lassen. Für die Füllung 40 g Mascarpone mit 1–2 EL geriebenem Gruyère, je 1 EL gehackter Petersilie und Estragon mischen, mit Salz und Pfeffer würzen. Kühl stellen. Teig 25 x 25 cm gross auswallen. Füllung in teelöffelgrossen Portionen auf der unteren Teighälfte verteilen, Zwischenräume mit Wasser bestreichen, obere Teighälfte darüber legen und festdrücken. Mit dem Teigrädchen in Quadrate schneiden, auf Knöpflimehl antrocknen lassen. In siedendem Salzwasser 5 Minuten ziehen lassen.

Aufbewahren: Im Kühlschrank 5 Tage haltbar; in ein gut verschliessbares Gefäss geben. Oder tiefkühlen; noch gefroren in der leicht köchelnden Bouillon oder Suppe ziehen lassen.

Pastazungen

1 Portion Pastateig, siehe Ravioli, vierteln oder sechsteln. Auf Dunst oder Pastamehl zu langen, 1 mm dicken Bändern auswallen oder portionenweise durch die Pastamaschine drehen. Auf ein mit Backpapier belegtes Blech geben. Mit flüssiger Butter bestreichen, leicht salzen und pfeffern oder mit geriebenem Käse, z. B. Sbrinz, bestreuen. In der Mitte des auf 210 °C vorgeheizten Ofens 6–8 Minuten backen, die Zungen müssen hell bleiben. Zur Bouillon oder Suppe servieren.

Aufbewahren: An einem trockenen, kühlen Ort 4 Wochen haltbar (ohne Käse).

Blätterteig

Für 4–6 Portionen

Blätterteighaube

300 g Butterblätterteig auf Mehl 2 mm dick auswallen. Rondellen, 2 cm grösser als der Ø der Bowls/Gefässe, ausstechen. Restlichen Teig in ca. 1,5 cm breite Streifen, in der Länge des Gefässumfangs schneiden. Kühl stellen. Ausgekühlte Bouillon oder Suppe in die ofenfesten Gefässe verteilen. Teigrondellen darüber legen. Teigstreifen mit verquirltem Ei bestreichen und mit der bestrichenen Seite nach unten halb auf den Teigdeckel, halb auf das Gefäss kleben, fest andrücken. 30 Minuten kühl stellen. Teigdeckel mit Ei bestreichen. Auf einem Blech im unteren Teil des auf 225 °C vorgeheizten Ofens 15 Minuten backen. Temperatur auf 180–190 °C stellen, weitere 5–10 Minuten backen.

Blätterteigstangen

300 g Butterblätterteig auf Mehl rechteckig, 2 mm dick auswallen. Mit Eigelb bestreichen, mit 8 EL geriebenem Sbrinz und 1 TL Paprika bestreuen. In der Hälfte überschlagen, mit dem Wallholz leicht darüber rollen. Kühl stellen. In 1,5 cm breite Streifen schneiden, spiralförmig verdrehen. Auf ein mit Backpapier belegtes Blech geben. In der Mitte des auf 225 °C vorgeheizten Ofens 10–12 Minuten backen. Herausnehmen, auf dem Blech auskühlen lassen. Zur Bouillon oder Suppe servieren.

Butterblätterteig selbst gemacht

Für ca. 300 g: 100 g Rahmquark in einem Sieb gut abtropfen lassen. 150 g Mehl mit 1/2 TL Salz mischen. 100 g kalte Butterwürfel beifügen, zu einer feinkrümeligen Masse verreiben. Quark und 2 Tropfen Weissweinessig dazugeben, rasch zu einem Teig zusammenfügen. Zugedeckt kühl stellen. Teig nach Belieben tourieren.

Tipps und Tricks

Glossar

Bouillon abschäumen

Hühner- und Fleischbouillon: Beim Aufkochen von Fleisch und Knochen mit kaltem Wasser werden Eiweiss und eiweisshaltige Stoffe schaumig-fest. Damit die Bouillon klar wird, muss dieser Schaum mit einem Löffel mehrmals abgeschöpft werden.
Tipps:
... Knochen, Geflügelteile, aber auch ganze Fleischstücke vor dem Aufsetzen kalt abbrausen. Oder kurz blanchieren, abgiessen und kalt abspülen.
... Die Flüssigkeit nie sprudelnd kochen.
... Während dem Kochvorgang nicht rühren.

Bouillon entfetten

Hühner- und Fleischbouillon: Nach dem Passieren und Erkalten der Bouillon setzt sich das Fett an der Oberfläche ab. Das Einfachste ist, die Bouillon über Nacht in den Kühlschrank zu stellen. Die Fettschicht wird kompakt und kann mit einem Löffel gut entfernt werden.
Varianten:
... Flüssige Fettaugen mit Haushaltpapier abtupfen.
... Eiswürfel in ein Baumwolltuch geben und über die Oberfläche ziehen. Das Fett wird fest und bleibt am Tuch hängen.

Bouillon klären/klarifizieren

Für pur servierte Bouillons: Das Passieren und Entfetten ist nur der Anfang – das Klarifizieren macht Bouillons fast kristallklar.
... Einfache Methode: Bouillon ein- bis zweimal durch ein mit einem Mulltuch ausgelegtes Sieb passieren.
... Profimethode für Hühner- und Fleischbouillon: 100 g Gemüsebrunoise, 2 Eiweiss, 2 fein zerstossene Eierschalen und 1 Eiswürfel mischen. In die entfettete Bouillon geben, unter Rühren sprudelnd aufkochen und bei kleiner Hitze 20 Minuten ziehen lassen. Durch ein feines Sieb passieren.

Bouillon vorher/nachher salzen

... Ohne Salz werden die Zutaten beim Kochen besser ausgelaugt, etwas Salz stabilisiert jedoch die Haltbarkeit der Bouillon.
... Bouillons mild würzen, damit sie für alle Suppenrezepte verwendet werden können.

Bouillon und Suppe offen/zugedeckt kochen

... Bouillons und Suppen mit langer Kochzeit am besten halb zugedeckt köcheln, weil sonst zu viel Flüssigkeit verdampft. Die Temperatur so regeln, dass die Flüssigkeit nur leicht köchelt.
... Suppen mit kurzer Kochzeit offen köcheln.

Suppe pürieren

Zur Auswahl stehen Stabmixer, Mixerglas oder Küchenmaschine mit Messereinsatz und das Passe-vite.
... Stabmixer für kleinere Portionen, für gut weich gekochtes Gemüse oder zum Aufschäumen. Oder um Suppen nur teilweise zu pürieren: Mixer kurz in die Suppe halten, bis sie gebunden ist.
... Mixerglas oder Küchenmaschine für grössere Portionen: püriert feiner, dank stärkerem Motor.
... Mit dem Passe-vite können die gekochten Zutaten ohne Flüssigkeit «püriert» werden: Schalen, Häutchen usw. bleiben im feinen Siebeinsatz zurück, was zugleich das Passieren erübrigt. Übrigens: Empfiehlt sich auch für Kartoffelsuppen, die dadurch luftiger werden.

Suppe passieren

Pürierte Suppen müssen nicht zwingend durch ein Sieb passiert werden: Zu empfehlen, wenn eine glatte, feine Suppenstruktur gewünscht ist. Oder bei Erbsen- und Maissuppen, die einfach besser munden, wenn die Häutchen im Sieb zurückbleiben. Zum Passieren ein nicht zu feinmaschiges Sieb nehmen, sonst geht kaum «Püree» durch – der Verlust ist hoch und die Suppe wird zu dünnflüssig.

Pannen und Hilfen

Suppe ist versalzen

Kocht die Suppe offen, verdampft mehr Wasser, als wenn sie zugedeckt köchelt. Das hat (manchmal) zur Folge, dass die Suppe zu salzig schmeckt.
Hilft:
... Rahm oder Milch beifügen. Wird die Suppe dadurch zu flüssig, Milch mit etwas Maisstärke oder Mehl anrühren, dazugiessen und einige Minuten ziehen lassen.
... 1–2 Eier mit etwas Rahm, Milch oder heisser Suppe verquirlen. In die Suppe rühren, unter ständigem Rühren bis knapp vor den Kochpunkt erhitzen.
... 1 rohe Kartoffel in die Suppe raffeln, einige Minuten ziehen lassen.

Suppe ist fade

Manchmal fehlt der Suppe nicht das Salz, sondern das gewisse Etwas.
Hilft:
... Frisch gemahlenen Pfeffer, frisch gehackte Kräuter, Sellerie- oder Knoblauchsalz oder ein bisschen Säure, z. B. Senf, Tomatenpüree (Achtung Farbe), Zitronensaft oder Apfelessig, unmittelbar vor dem Anrichten beifügen.

Suppe ist geschieden

Wenn die Suppe zu stark kocht, kann sie scheiden, vor allem wenn sie Zitronensaft, Wein, Milchprodukte oder Eier enthält. Deshalb diese Zutaten unter Rühren beifügen und die Suppe nur noch ziehen lassen.
Hilft:
... Suppe mit einem grossen Schwingbesen kräftig durchrühren, mixen und passieren.

Suppe ist zu dünnflüssig

Zu dünnflüssige (Püree-)Suppen können auf verschiedene Arten gebunden werden.
Hilft:
... Suppe offen köcheln, sodass ein Teil der Flüssigkeit verdampfen kann.
... Etwas Doppelrahm oder Rahm beifügen.
... Weiche Butter mit Mehl im Verhältnis 1:1 verkneten. In die Suppe rühren, 10 Minuten köcheln.
... 1 rohe Kartoffel in die Suppe raffeln.
... Eigelb mit wenig Rahm und heisser Suppe verrühren. In die Suppe rühren, unter ständigem Rühren kurz erhitzen.
... Maisstärke mit wenig Wasser oder Bouillon anrühren. In die Suppe rühren, kurz köcheln.
... Weissbrot, ohne Rinde, mitkochen. Suppe mixen, durch ein Sieb streichen.

Aufbewahren

Bouillon und Suppe im Vorrat

Bouillon oder Suppe auskühlen lassen, portionenweise in Tiefkühlbeutel/-gefässe abfüllen und tiefkühlen.

Tipp: Kleine Portionen sind schneller aufgetaut.
... Am besten eignen sich Bouillons, die nature (nach dem Passieren und Entfetten) tiefgekühlt werden können. Zubereiten: Tiefgekühlt oder aufgetaut erhitzen und nach Rezept verfeinern oder abschmecken.
... Pürierte Gemüsesuppen ohne Rahm oder Milch zubereiten und tiefkühlen. Zubereiten: Zuerst im Kühlschrank auftauen lassen, dann erhitzen und mit Rahm oder Milch verfeinern.
... Suppen mit Biss ohne Pasta zubereiten und nicht ganz fertig kochen, damit das Gemüse beim Gefrierprozess und Erhitzen nicht verkocht. Zubereiten: Zuerst im Kühlschrank auftauen lassen, dann erhitzen und nach Rezept verfeinern oder abschmecken.

Haltbarkeit

Bouillons und Suppen sollten nicht länger als 3–6 Monate im Tiefkühler aufbewahrt werden.

Equipment und Massangaben

Kochutensilien

Das Suppenkochen erfordert kein aussergewöhnliches Equipment. 1–2 grössere Pfannen (die auch zum Spaghettikochen dienen) mit passendem Deckel genügen. Rührkellen, Schaumkelle, Schwingbesen, feinmaschige grosse und kleine Siebe, Schüsseln und Schüsselchen (für die Mise en place), Rüst- und Schneidemesser, Schäler, Raffeln, ein grosses stabiles Holzbrett ... gehören sozusagen zur Grundausstattung einer Küche. Massbecher, Masstassen, Masslöffel und eine Waage helfen, die Rezepte ganz genau zu befolgen oder die Zutaten einfach tassen- und löffelweise abzumessen. Einen Stabmixer oder ein Mixerglas brauchts, wenn pürierte Suppen zu den Favoriten zählen. Gewürz-Eier (ein Stück Baumwoll-/Mulltuch tuts aber auch) sowie Haushaltpapier, Klarsichtfolie, Alufolie und Backpapier erweisen sich immer wieder als praktische Hilfsmittel.

Mise en place

Damit man sich besser auf die Zubereitung konzentrieren kann und keine Zutat vergessen geht oder im falschen Moment beigefügt wird, empfiehlt sich die Mise en place – heisst einfach: Die benötigten Küchengeräte und Hilfsmittel griffbereit zurechtlegen. Die Zutaten in der im Rezept angegebenen Menge abmessen und bereitstellen.

Masse/Abkürzungen Rezepte

EL Esslöffel, gestrichen voll
TL Teelöffel, gestrichen voll
Prise Menge, die zwischen zwei Fingern Platz hat
Msp. Messerspitze; Menge, die auf der Spitze eines Rüstmessers Platz hat
kg Kilogramm
g Gramm
l Liter
dl Deziliter
Tasse ca. 2 dl
wenig, etwas, einige, ca. Dosierung nach eigenem Gutdünken
1 Ei ca. 52 g
Ø Durchmesser

Portionengrösse pro Person

Pro Person berechnet man 2–3 dl Suppe oder Bouillon:

... Als Vorspeise oder Snack genügen 2 dl.

... Als Hauptmahlzeit je nach Suppentyp eher 3 dl und mehr.

250
250 Gr

Anrichten und Servieren

Suppenportionen

Suppe kann in jedem Gefäss, das tief genug ist, serviert werden. Das Suppenessen hat aber auch etwas mit Traditionen zu tun. Und einiges hat sich bewährt – aus praktischen Gründen:

... Eine Suppen-Vorspeise portionenweise in Schälchen oder Bowls servieren. Je nach Grösse nur zu 2/3 füllen.

... Eine Suppen-Hauptmahlzeit isst man mit Genuss aus einer grossen Schale oder einem dickwandigen, tiefen Teller.

... Für Bouillons und rahmige Suppen, die schnell kalt werden, die tiefsten Teller, Bowls oder Schalen verwenden.

... Feine Bouillons schmecken in Tee-, Kaffee- oder Espresso-tassen noch besser.

... Klare Suppen mit vielen Zutaten können in tiefen, breitrandigen Tellern schöner angerichtet werden.

... Suppen, die noch überbacken werden (z. B. mit Käse oder einer Blätterteighaube), gleich in ofenfesten Bowls oder Gefässen anrichten. Das können die klassischen Löwenkopf-tassen, aber auch runde Portionen-Souffléförmchen sein.

... Kalte Suppen trinkt oder löffelt man gerne aus dickwandigen Gläsern oder Glasschalen. Zum Servieren die Gläser oder Schalen auf zerstossenes Eis stellen (in tiefem Teller oder Schale).

... Suppen für ein Apérobuffet (z. B. kalte Suppen, Bouillons oder pürierte Suppen) in Weissweingläsern, Eierbechern, Dipschalen oder Reisbowls auf Tabletts stellen und herum-reichen. Löffel sind nicht nötig.

Suppenmahlzeiten

Suppen werden heute eher als Portionen als in Schüsseln serviert. Manchmal wäre aber die klassische Suppenschüssel oder ein grosses Gefäss genau richtig – um die Suppe dampfend heiss oder eisgekühlt in die Mitte einer grossen Tischrunde oder eines Buffets zu stellen, damit jeder selber schöpfen kann:

... Grosse Pfannen oder Töpfe (mit zwei Henkeln) halten die Suppe warm.

... Schüsseln aus Porzellan oder Glas, z. B. Salatschüsseln, Teigschüsseln, Souffléformen usw., passen für alle Suppen und zu jedem Geschirr.

... Glaskaraffen für kalte Suppen verwenden und in ein Gefäss mit Eiswürfeln stellen. Die Suppe bleibt frisch und kann einfach in Schälchen gegossen werden.

Schöpfen und Löffeln

... Eine grosse Suppenkelle oder ein Suppenschöpfer gehört zum Küchen-Equipment: Am besten eine Kelle wählen, die für Küche und Tisch passt.

... Ob Suppen mit einem grossen oder einem kleineren Löffel genossen werden, hat nicht nur mit persönlichen Vorlieben zu tun: Mit lang-stieligem und oval geformtem Löffel isst man leichter aus tiefen Tellern mit Rand. Suppen in Bowls und Schalen hingegen lassen sich mit tief geformten, runden Löffeln besser auslöffeln.

Oberstes Suppengebot

Heisse Suppen heiss, kalte Suppen kalt servieren! Die Suppen am besten immer in vorgewärmten bzw. vorge-kühlten Tellern, Bowls, Tassen, Schüsseln usw. anrichten.

Saison Gemüse, Kräuter, Obst

Suppenzeit ist jederzeit …
Für beste Suppen sind nur die frischesten Produkte gut genug: Die Hauptzutaten wie Gemüse, Kräuter und Obst nach den einheimischen Erntezeiten zusammenstellen – sie haben mehr Geschmack, eine intensivere Farbe, behalten Biss und sorgen in Kombination mit Getreide, Kartoffeln, Fleisch, Fisch, Eiern und Milchprodukten rund ums Jahr für Abwechslung im Suppenteller.

Frühling

… Gemüse: Bundzwiebel, Gartenkresse, Kohlrabi, Kopfsalat, Krautstiele, Mairübe, Radieschen, Rhabarber, Rucola, Rüebli, Schnittmangold, Spargel, Spinat

… Kräuter und Wildkräuter: Bärlauch, Brennnessel, Brunnenkresse, Kerbel, Löwenzahn, Salbei, Sauerampfer

… Obst: Erdbeere

Sommer

… Gemüse: Aubergine, Blumenkohl, Broccoli, Chinakohl, Erbse, Fenchel, Freilandgurke, Gartenkresse, Kefe, Kohlrabi, Kopfsalat, Krautstiele, Lattich, Lauch, Patisson, Peperoni, Rettich. Rüebli, Spinat, Spitzkabis, Stangensellerie, Tomate, Wirz, Zucchini, Zuckermais, Zwiebel

… Kräuter und Blüten: Basilikum, Borretsch, Dillblüten, Estragon, Gänseblümchen, Kapuzinerkresse, Liebstöckel, Majoran, Minze, Oregano, Ringelblume, Rosmarin, Salbei

… Obst: Apfel, Aprikose, Brombeere, Erdbeere, Himbeere, Holunder, Johannisbeere, Kirsche, Melone, Mirabelle, Pfirsich, Reineclaude, Stachelbeere, Zwetschge

Herbst

… Gemüse: Broccoli, Federkohl, Fenchel, Herbstrübe, Kohlrabi, Krautstiele, Kürbis, Lattich, Lauch, Rande, Rüebli, Schwarzwurzel, Sellerie, Weisskabis, Wirz, Zuckermais, Zwiebel

… Kräuter: Petersilie, Salbei, Schnittlauch, Thymian

… Obst: Apfel, Birne, Feige, Heidelbeere, Holunder, Pflaume, Quitte, Traube, Zwetschge

Winter

… Gemüse: Chicorée, Herbstrübe, Lauch, Pastinake, Pfälzerrüebli, Portulak, Rande, Rüebli, Schwarzwurzel, Sellerie, Topinambur, Wirz

… Kräuter: Petersilie, Schnittlauch

… Obst: Apfel, Birne

A bis Z

LE MENU – so kocht die Schweiz

Rund ums Jahr. Tag für Tag. Zu jeder Gelegenheit. Saisonal einheimische Produkte bringen den Frühling, Sommer, Herbst, Winter und frische Abwechslung auf den Tisch – vom Suppenapéro über die Suppenmahlzeit bis zum Suppendessert.

Natürlich ausgewogen. Gut kombiniert. Raffiniert einfach. Milchprodukte, Gemüse, Kräuter, Obst, Getreide, Kartoffeln, Fleisch, Fisch und Eier sorgen für Ausgewogenheit und ihre möglichst natürliche, unkomplizierte Zubereitung für mehr Leichtigkeit – in der Suppenküche und im Suppenteller.

Regional und weltoffen. Individuell und multikulturell. Klassisch und variationsreich. Die landschaftliche und kulturelle Vielfalt der Schweiz lässt uns immer wieder Altbeliebtes oder Neukombiniertes entdecken, ausprobieren – und Suppenlöffel um Suppenlöffel geniessen.

Alles Gute!
Schweizer Milchproduzenten SMP

PS.
Die Schweizer Milchproduzenten sind Herausgeber zahlreicher Kochbücher und des beliebten Kochmagazins LE MENU, das 10 x jährlich mit aktuellen Rezepten, Reportagen, Ernährungsinfos und Tipps von der Küche bis zum Weinkeller das Kochen und Essen im Alltag spannender, farbiger, leichter machen – auch via Internet: www.lemenu.ch